AF568702

CONTE *verlag*

Stefan Woltersdorff

Grenzüberschreibungen

Literarische Spurensuche zwischen Straßburg und Kehl

CONTE

Mit Unterstützung des Historischen Vereins Kehl

Bibliografische Information der Deutschen Nationalbibliothek
Die Deutsche Nationalbibliothek verzeichnet diese Publikation in der Deutschen Nationalbibliografie; detaillierte bibliografische Daten sind im Internet über http://dnb.d-nb.de abrufbar.

ISBN 978-3-95602-272-2

Am Rech 14, 66386 St. Ingbert
Tel: (0 68 94) 1 66 41 63
E-Mail: info@conte-verlag.de
Verlagsinformationen im Internet unter www.conte-verlag.de

Satz: Markus Dawo
Umschlaggestaltung: Markus Dawo unter Verwendung eines Stichs von Matthäus Merian aus der Topographia Alsatiae aus dem Jahr 1663
Druck und Bindung: Conte, St. Ingbert

DANKSAGUNG

Mein erster Dank gilt dem Historischen Verein Kehl. Ohne dessen großzügige Unterstützung wäre diese Arbeit nicht zustande gekommen, die dem Autor dieser Zeilen nicht zuletzt über seinen Corona-Blues hinweggeholfen hat. Ein weiteres Dankeschön geht an das Team des Stadtarchivs Kehl, das wegen meiner literarischen Neugier Wagenladungen an Papier in Bewegung setzen musste. Besonders danken möchte ich auch Herrn Oberstudienrat a. D. Lutz Claren aus Mannheim, der für mich zahlreiche lateinische Zitate übersetzt und überprüft hat. Ein weiterer Dank gilt selbstverständlich dem Conte-Verlag, der das Abenteuer einer Publikation zu diesem Thema nicht scheute und dem Buch zu einem schönen Erscheinungsbild verhalf. Vor allem aber danke ich meiner lieben Frau, gewissenhaften Kritikerin und besten Freundin Heike Seewald, die mir nicht nur während der Arbeit an dem Text den Rücken freigehalten, sondern durch ihr gründliches Lektorat wesentlich an dessen Entstehung mitgewirkt hat. Ihr sei dieser Band daher von Herzen gewidmet.

INHALT

PROLOG

Am Anfang war die Rheingrenze. Sie ist älter als Straßburg, viel älter als Kehl, und ohne sie gäbe es beide Städte gar nicht: Nicht Straßburg, das einst von den Römern zur Sicherung dieser Grenze angelegt wurde. Und auch nicht Kehl, das als Brückenkopf zu deren Überwindung entstand: erst durch Fähren, dann durch Brücken aus Holz, Stahl, Stein und Beton. Daneben gab und gibt es immer auch andere Brücken, solche aus Worten und Texten. Und um diese soll es in diesem Band gehen.

Schon immer war der Rhein für Straßburg und Kehl Trennungs- und Bindestrich zugleich. Die Frage, was im Vordergrund steht, zieht sich wie ein roter Faden durch ihre doppelte (Literatur-) Geschichte. Diese liest sich wie ein Gespräch über Landes- und Epochengrenzen hinweg, das seit Jahrhunderten von oft namhaften Schriftstellerinnen und Schriftstellern geführt wird. Sie alle aufzuzählen, würde den Rahmen dieser Darstellung sprengen, insbesondere, was die Straßburger Seite betrifft. Während ich dort notgedrungen eine Auswahl treffen musste, habe ich auf Kehler Seite den Literaturbegriff und den geografischen Rahmen weiter gefasst, um eine gewisse Ausgewogenheit zu erreichen.

Den Schwerpunkt bilden natürlich Texte mit Bezug zum Raum Kehl-Straßburg. Neben deren Verfasserinnen und Verfassern werden auch Publizisten, Drucker, Verleger und andere Personen vorgestellt, die für die lokale Büchergeschichte von Bedeutung waren. Bisweilen blicken wir dabei auch über den geografischen Tellerrand hinaus. So habe ich für das Kapitel über die gallo-römische Zeit auch Texte ausgewählt, die sich auf den Rhein im Allgemeinen beziehen, deren Wirkungsgeschichte aber für unseren Raum von Bedeutung ist. Mit Caesar, Vergil, Ovid und Tacitus sind darunter Autoren der

Weltliteratur, die unsere Vorstellungen vom barbarischen und zivilisierten, vom germanischen und gallischen, vom trennenden und verbindenden Strom bis heute prägen.

Auch das Frankenreich hat eine vielfältige Literatur hervorgebracht, die leider nur fragmentarisch erhalten blieb. Dennoch konnte ich für das Kapitel über das frühe Mittelalter auf Texte zurückgreifen, die sich konkret auf die Region des Oberrheins beziehen. Die meisten sind in lateinischer Sprache verfasst, doch daneben melden sich auch erste Stimmen auf Altfranzösisch und Althochdeutsch zu Wort. Inhaltlich und formal wirken römische Vorbilder nach, hinzu kommen Einflüsse aus der germanischen Heldensage und der christlichen Literatur.

Im hohen Mittelalter entwickelt sich der Raum Kehl-Straßburg zu einem literarischen Zentrum. Auch der literarische Blick auf dieses Gebiet wird in dieser Zeit deutlich komplexer und differenzierter. Neben das Lateinische tritt ab dem 12. Jahrhundert selbstbewusst und gleichberechtigt das Mittelhochdeutsche, neben Stimmen von der linken zunehmend auch solche von der rechten Rheinseite, neben männliche erstmals auch (hörbare) weibliche.

In der Renaissance verschiebt sich der Fokus von den Höfen zu den Städten, die Bedeutung der Metropole Straßburg nimmt zu und an die Stelle zarter, mittelalterlicher Kunstwelten treten die oft rauen Dispute der frühen Neuzeit. Fragen nach dem »richtigen« Geschlecht, der »besseren« Nationalität und dem »wahren« Glauben werden in der Literatur aufgegriffen und teils leidenschaftlich diskutiert. Die Wortgefechte spiegeln auch die zunehmende Zersplitterung der Gesellschaft wider und kündigen Konflikte an, die unsere Region noch lange prägen sollten.

Die Überhitzung der Gemüter führt schließlich zu einer Explosion, die eine materielle und geistige Trümmerlandschaft hinterlässt. Der 30-jährige Krieg und seine zahlreichen Nachbeben lassen die linke Rheinseite weitgehend verstummen, während die rechte zumindest zeitweise die literarische Wortführerschaft übernimmt. Angesichts des unsagbaren Grauens suchen und finden barocke Autoren neue Ausdrucksformen, deren Radikalität teilweise erst in jüngerer Zeit erkannt und wieder aufgegriffen wurde.

Um 1700 öffnet sich zwischen Kehl und Straßburg ein politischer und sprachlicher Graben, den die Literatur der aufkommenden Aufklärung aber zunehmend überbrückt. Während auf Kehler Seite ein pietistischer Pastor das Fähnchen der deutschen Sprache hochhält, geben sich auf Straßburger Seite Autoren der Weltliteratur die Klinke in die Hand. Ob Franzosen, Schweizer oder Deutsche: Sie alle schreiben auf Französisch. Erst mit dem Sturm und Drang feiert ab 1770 die deutsche Sprache ausgerechnet im französischen Straßburg ein fulminantes Come-back.

Das ausgehende 18. Jahrhundert ist eine Blütezeit für Kehl, weshalb das 7. Kapitel ganz dieser Stadt gewidmet ist. Wir hören vom Sturm und Drang in Kehl, lernen Beaumarchais' berühmte Bücherfabrik und zahlreiche Schriftsteller kennen, die diese besuchten und literarisch feierten. Aber auch Bärstechers zweisprachige Druckerei wird nicht vergessen, die sich um literarische Brückenschläge zum französischen Nachbarn und in eine vermeintlich bessere Zukunft bemühte.

Die Hoffnung darauf sowie ihr tragisches Scheitern stehen im Zentrum des letzten Kapitels. Wir erleben den Untergang des Kehler »Freiheitshafens« und das große Freiheitsfest in Straßburg, das mit der Jakobinerherrschaft ein jähes Ende findet. Die literarischen Reaktionen auf diese bewegte Zeit werden von einer neuen Dichtergeneration formuliert, die teilweise bereits zur Romantik überleitet. Auf eine detaillierte Darstellung des 19.-21. Jahrhunderts habe ich dagegen verzichtet, da es zu dieser jüngeren Geschichte bereits umfangreiche Literatur gibt.

Unsere Zeitreise versteht sich als kleine Literaturgeschichte von Kehl und Straßburg, in der sich das große Auf und Ab der deutsch-französischen Beziehungen spiegelt. Aber die beiden Nachbarstädte sind viel älter als diese beiden Länder. Wer sich mit ihrer Vergangenheit und Gegenwart befasst, blickt zwangsläufig über Grenzen hinaus. Das wusste schon Jacques Tarade, der im 17. Jahrhundert den Bau der Festungen von Straßburg und Kehl leitete. Am Eingang des ebenfalls unter seiner Aufsicht errichteten Rheintors von Breisach ließ er einen lateinischen Zweizeiler anbringen. Die Originalinschrift ging zwar verloren, doch ihr Wortlaut wurde überliefert.

Der erste Vers, ein Hexameter, mag diesem Buch als Motto dienen und zugleich die Rolle der beiden Städte in Geschichte und Gegenwart charakterisieren:

Limes eram Gallis, nunc pons et janua fio
Grenze einst war ich den Galliern, nun bin ich Brücke und Tor

KAPITEL 1

Trennungs-, Binde- und Federstrich
Der römische Rhein

1. Jahrhundert vor Christus bis 5. Jahrhundert nach Christus

Der trennende Rhein der Vorklassik

Die Sammlungen des Archäologischen Museums von Straßburg umfassen Fundstücke aus dem gesamtem Niederelsass (Bas-Rhin), vor allem aus der Zeit der Römer. Eindrücklich dokumentieren sie deren zivilisatorische Leistungen, doch von römischer Literatur ist nicht die Rede. Dabei haben die Römer nicht nur das erste (und bis heute gültige) Schriftsystem am Oberrhein eingeführt, sondern damit in unserer Gegend auch die Literatur im eigentlichen Sinn begründet[1]. Deren Geschichte beginnt mit einem Paukenschlag, denn der erste römische Autor am Rhein trägt einen Namen, den die Welt kennt: **Gaius Julius Caesar** (100-44 v. Chr.).

Ausgestattet mit der Würde eines Konsuls, brach er in Gallien einen achtjährigen Eroberungskrieg vom Zaun (58-51 v. Chr.), ein auch nach römischem Recht fragwürdiges Vorgehen. Zu seiner eigenen Rechtfertigung verfasste Caesar kurz nach Kriegsende einen ausführlichen Erlebnisbericht (Commentarii de bello gallico), wobei er jedem Kriegsjahr einen Band widmete. Nur das achte Buch wurde von seinem Vertrauten Aulus Hirtius verfasst. Gleich zu Beginn des ersten Buches versucht Caesar, etwas römische Struktur in das barbarische Gallien zu bringen. Mit seinem ersten Satz legt er die Binnengrenzen Galliens fest, mit dem dritten seine

Außengrenzen. Die Wirkungsgeschichte dieser Worte lässt sich bis ins 20. Jahrhundert verfolgen:

> Gallien als Ganzes zerfällt in drei Teile, von denen einen die Belger, einen anderen die Aquitaner, den dritten die bewohnen, die in ihrer Sprache Kelten, in unserer Gallier heißen. [...] und sie leben sehr nahe den überrheinischen Germanen, mit denen sie ständig Krieg führen. (Ü: L. Claren)[2]

Die Bezeichnungen »Germanen« und »Kelten« kannte schon der griechische Historiker Herodot, doch meist wurden beide Bevölkerungsgruppen unter dem Begriff »Barbaren« subsumiert. Erst Caesar zieht eine klare Trennungslinie: Erstmals in der Geschichte erscheint der Rhein bei ihm als Grenzfluss und die Menschen auf den beiden Ufern als Feinde[3]. Im weiteren Verlauf seines Berichts wird diese These von Caesar allerdings relativiert, da er auf der linken Rheinseite auf germanische und auf der rechten auf keltische Kolonien trifft (VI 24). Beide Völkerschaften lebten demnach nicht nur neben- sondern auch miteinander. Statt gegeneinander zu kämpfen, zogen sie gemeinsam in den Krieg, was Caesar schon im ersten Kriegsjahr erfahren musste.

Unter Führung des Germanenfürsten Ariovist, traten ihm im südlichen Elsass sieben verbündete Stämme entgegen, von denen drei ganz oder teilweise auf der linken Rheinseite beheimatet waren. Es waren Vangionen, Nemeter und Triboker, die durch Caesars Bericht erstmals historisch greifbar werden. Dem Siedlungsgebiet nach waren es also Gallier, für Caesar dagegen Germanen, die er nach seinem Sieg über den Rhein drängte und damit die Grenze erst erschuf, die zu verteidigen er vorgab. Da auch archäologische Funde keine eindeutige Zuordnung dieser drei Stämme erlauben, nennen wir sie heute Kelto-Germanen. Den Übergang vom keltischen zum germanischen Kulturraum muss man sich wohl als fließendes Kontinuum vorstellen.

Für unser Thema sind die Triboker (Triboci) von besonderem Interesse, deren Hauptstadt Brocomagus (Brumath) im Elsass lag, deren Siedlungsgebiet jedoch über den Rhein in die spätere Ortenau hineinreichte. Unter anderem wird ihnen die Gründung der Wasserburg Argentoratum[4] zugeschrieben, aus der Straßburg hervorging. Der Name dürfte aus dem keltischen Wort *ARGAT oder dem lateinischen ARGENTUM (Silber) abzuleiten sein. Ganz ähnlich sieht es im Falle Kehls aus, dessen Name durch Verballhornung des keltischen Wortes *CAILI oder des lateinischen CANALIS (Wasserstraße) entstanden sein könnte.

Halten wir fest: Die Vorstellung von Galliern und Germanen als zweier voneinander getrennter Völker sowie die des Rheins als dazwischen verlaufender Grenze wurzelt mehr in der Literatur als in der Wirklichkeit. Sie findet sich erstmals bei Caesar, wird jedoch von ihm selbst relativiert und ist vor allem Ausdruck seines Bestrebens, den Machtbereich Roms bis zum Rhein auszudehnen. Dennoch brannte sich die Vorstellung des Rheins als Kulturgrenze so sehr ins kollektive Gedächtnis ein, dass sie selbst in Zeiten lebendig blieb, als der Rhein gar keine Grenze mehr war.

Tacitus (um 100) und Sueton (um 120) sprachen noch davon, als längst beide Ufer in römischer Hand waren, Claudian (um 400) und Sidonius (um 450), als beide bereits von Germanen besetzt waren. Selbst weit über die Römerzeit hinaus lässt sich die Wirkungsgeschichte von Caesars Text verfolgen. Immer wieder wurde versucht, die Lebenswirklichkeit der Menschen am Rhein jener literarischen Fiktion aus dem ersten vorchristlichen Jahrhundert »anzupassen«, mal friedlich, mal gewaltsam. Der von Caesar geschaffene Mythos erwies sich als geschichtsbildende Kraft.

Der zweihörnige Rhein der augusteischen Klassik

Schon Caesar schilderte die Kelten bzw. Gallier als tief religiöses Volk. Die Natur war ihnen heilig, sie lasen darin wie in einem Buch. Uns ist diese »Schrift« unverständlich, wir kennen ihre Götter (es waren hunderte) vorwiegend aus römischen Schilderungen und unter ihren latinisierten Namen. Dies gilt auch für die drei oberrheinischen Gottheiten Vosegus, Abnoba und Rhenus[5]. Vosegus, von den Römern mit Merkur gleichgesetzt, ist ein Gott der Jagd, der den Vogesen und dem Wasgau ihre Namen gab. Als Bezeichnung einer Landschaft begegnet er uns erstmals in Caesars Kommentar zum Gallischen Krieg (IV 10). Allerdings versteht dieser unter »Vosegus mons« nicht nur die heutigen Vogesen, sondern auch die westlich davon liegenden Gebiete bis zur Maas. Abnoba wurde von den Römern mit der Göttin Diana gleichgesetzt und als Personifikation des unteren Schwarzwaldes gedeutet. Der davon abgeleitete Name »Abnoba mons« ist bei Plinius und Tacitus belegt, während die Römer den höher gelegene Nadelwald als »Silva Nigra« (Schwarzwald) bezeichneten.

Der Name des vergöttlichten Stroms Rhenus könnte vorkeltischen Ursprungs sein. In Anlehnung an andere griechisch-römische Flussgötter[6] begegnet er uns in der »Aeneis« erstmals mit Stierhörnern auf dem Kopf. Autor des berühmten Epos ist **Publius Vergilius Maro** (70-19 v. Chr.). In Anlehnung an Homers »Ilias« schildert Vergil darin die Irrfahrten des Helden Aeneas und die Eroberung Italiens. Hierfür erhält Aeneas von seiner Mutter, der Liebesgöttin Venus, Waffen und eine prächtige Rüstung, die ihr Gatte, der Feuergott Vulcanus, geschmiedet hat. Das Schutzschild ist mit Symbolen geschmückt, die in die Zukunft verweisen. Sie stellen die Geschichte des römischen Geschlechts dar, das Aeneas erst begründen wird. Der Bilderbogen reicht von Romulus, dem sagenhaften Erbauer Roms, bis zu Kaiser Augustus, der als Weltherrscher und Friedensstifter gefeiert wird. Aus allen Teilen der bekannten Welt empfängt dieser Abgaben der unterworfenen Völker:

Selber thronend im Glanz auf des Phoebus marmorner Schwelle,
Nimmt er des Völkertributs sich an, verteilt ihn am hohen
Tempelgewänd, ihn grüßt der unzählbare Zug der Besiegten,
Alle verschieden an Tracht und Gestalt, an Waffen und Rede.
Afrer sodann, den Schwarm der gürtellosen Nomaden,
Leleger, Carer zumal und das Bogenervolk der Gelonen
Formte der Schmied: schon floß mit sachteren Wellen der Euphrat.
Dann die Moriner vom Rand der Welt, die trutzigen Daher,
Der zwiehörnige Rhein und der Brückenzertrümmerer Araxes.

Also bestaunt der Held den Schild der Mutter, ergetzt sich
An den Gebilden Vulcans: dann, unkund, was sie bedeuten,
Hebt er und schultert Ruhm und Glück und Ehre der Nachfahrn.[7]

Vergil nennt hier die künftigen Reichsgrenzen: Afr(ikan)er stehen für die Völker des Südens, Leleger und Carer für die des Ostens (Kleinasien), die Gelonen und Moriner für den Norden (die heutige Ukraine bzw. die Kanalküste), die Daher für das Ostufer des Kaspischen Meeres (Daghestan). Daneben werden drei Flüsse erwähnt: der sanfte Euprat, der wilde Araxes (Aras in der Türkei) und der zweihörnige Rhein (Rhenus bicornis). Der Vergil-Kommentator Servius deutete die Hörner als Hinweis auf das Rheindelta, wo sich der Strom in zwei Hauptarme aufteilt. Aus Vergils Text lässt sich diese bis heute weit verbreitete Interpretation jedoch nicht ableiten. Wahrscheinlicher ist eine Gleichsetzung des Rheins mit Acheloos, dem ältesten und vornehmsten aller Flussgötter.

Bald nach Vergil taucht der zweihörnige Rhein im Werk eines anderen Klassikers auf, bei **Publius Ovidius Naso** (43 v. Chr. - 17 n. Chr.). Im Jahre 8 n. Chr. wurde Ovid von Kaiser Augustus aus unbekannten Gründen nach Tomi am Schwarzen Meer verbannt, wo er seine berühmten Klagelieder (Tristia) verfasste. Unter anderem schildert er die Feldzüge von Augustus' Adoptivsöhnen Drusus und Tiberius nach Germanien. Ovid zufolge führte der spätere Kaiser Tiberius bei seiner triumphalen Rückkehr nach Rom (11 v. Chr.) eine Statue des Rheingottes mit gebrochenen Hörnern mit sich (Rhenus cornibus fractis), der widerspenstige Rhenus galt nunmehr als überwunden.

Künftig sollte die römische Stadt Argentoratum (Straßburg) den Rheinübergang schützen und den Handel kontrollieren. Die anfangs nur kleine Söldnertruppe wurde 17 n. Chr. von der 6.000 Mann starken II. Legion abgelöst, 42/43 n. Chr. kommandierte sie der spätere Kaiser Vespasian. Nach der Niederschlagung eines Aufstands im Kinzigtal (73/74 n. Chr.) beauftragte er die VIII. Legion mit dem Bau einer Militär- und Handelsstraße durch den Schwarzwald und dehnte damit den römischen Machtbereich weiter nach Osten aus. Römische Siedlungsspuren im Raum Kehl gehen wohl auf diese Zeit zurück. Damit rückt auch dieses Gebiet zunehmend ins Licht der Geschichte.

Der väterliche Rhein der Nachklassik

Unter Vespasians Nachfolger Domitian wurde das rechte Ufer des Oberrheins endgültig von Rom vereinnahmt, nach Norden durch den Limes gesichert und mit Gebieten auf der linken Rheinseite zur neuen Provinz Obergermanien (Germania Superior) vereint. Der Strom hörte auf, eine Grenze zu sein, was der aus Spanien stammende Dichter **Marcus Valerius Martialis** (40-104 n. Chr.) auch literarisch umsetzte. Martials Spezialität sind kurze Epigramme, die er in den Jahren 85-103 n. Chr. verfasste und in zwölf Büchern veröffentlichte. Uns interessiert das siebte Epigramm aus Buch X, hier eine Teilübersetzung in Prosa:

> Rhein, Vater der Nymphen und aller Ströme, die die odrysischen[8] Wasser trinken, wahrlich, immer mögest du die klaren Wasser genießen und das barbarische Rad des schmählichen Viehknechts soll dich nicht verächtlich aufreiben; wahrlich, du mögest mit goldenen Hörnern, die du wieder erlangt hast, als Römer beide Ufer beherrschen: – bringe Trajan seinem Volk und der Stadt zurück, darum bittet dich Tiber, dein Herr. (Ü: L. Claren)[9]

Anders als bei Vergil und Ovid sind die Hörner des Rheingottes bei Martial nicht gebrochen, sondern aus purem Gold. Rhenus verkörpert damit nicht mehr die Unterwerfung der »barbarischen« Urbevölkerung, sondern den Sieg römischer Lebensart am Rhein, Rhenus ist ein Römer geworden. Um seinen hohen Rang zu unterstreichen, stellt ihn Martial als »Vater der Nymphen und aller Ströme« sogar auf eine Stufe mit »Oceanus«, dem Ursprung allen Lebens. Dass diese Vorstellung auch in Argentoratum verbreitet war, zeigt ein Exponat im Archäologischen Museum von Straßburg. Ein 1969 entdeckter Weihestein aus der Zeit um 130 ehrt Rhenus mit folgender Inschrift:

RHENOPATRI / OPPIUS / SEVERUS / LEG AUG
(dem Vater Rhein / Oppius / Severus / Legion Augusta)

Der hier als Stifter genannte Legat Oppius Severus war in den Jahren 122-134 ziviler Verwalter der Provinz und militärischer Befehlshaber der VIII. Legion. Bereits im Jahr 57 hatte ihr Kaiser Nero den Ehrentitel »Augusta« (die Erhabene) verliehen, seit dem Bau der Kinzigtalstraße war sie in Argentoratum stationiert. Weihesteine für den Flussgott Rhenus wurden schon mehrere entdeckt, alle aus dem 2. Jahrhundert. Der Stein aus Straßburg ist jedoch der älteste und einzige, auf dem Rhenus den Beinamen »Vater« erhält. Entweder war Oppius Severus ein Leser Martials oder es gab im Raum Kehl-Straßburg eine lokale Tradition, den Rheingott so zu bezeichnen, was Martial aufgreift. So oder so kann unsere Gegend für sich den Anspruch erheben, Heimat von »Vater Rhein« zu sein[10]. Offenbar empfanden sich die an seinen Ufern lebenden Menschen schon früh als gemeinsame Kinder eines Stroms.

Dass daneben der »barbarische« Ursprung von Rhenus nicht in Vergessenheit geriet, belegt ein Relief aus dem 2. Jahrhundert im Römisch-Germanischen Museum (RGM) von Köln. Es zeigt den Flussgott mit Stierhörnern, die wilden Kopf- und Barthaare (römische Männer trugen das Haar kurz und waren glattrasiert) gehen fließend in die Wellen des Flusses über. Dank **Publius Cornelius Tacitus** (58-120) blieb auch die Vorstellung vom Rhein als Grenze lebendig. So wie einst der »göttliche Julius« (Germ. 28) die linksrheinischen Gallier beschrieben hatte, wollte der römische Historiker und Senator nun die rechtsrheinischen Germanen würdigen.

Wie Caesar beginnt Tacitus mit einer geografischen Übersicht. Zwar sei der Rhein keine politische oder militärische Grenze mehr, die Bewohner beider Ufer seien sogar »Brüder« im Geist (Germ. 2/29), doch keine Blutsbrüder: Die linke Seite sei von bunt durchmischten Gallo-Römern besiedelt, die rechte von »unvermischten« Germanen. Den Grund sieht Tacitus in der Hässlichkeit des Landes und seinem rauen Klima, weshalb dort kein anderes Volk siedeln könne (Germ. 2)[11]. Und doch zeigt sich Tacitus von diesen »Eingeborenen« (Germ. 2: indigenas) beeindruckt. Tapfer seien sie und fromm, treu und freiheitsliebend. Auch sei ihre Gesellschaft nicht so hierarchisch und verweichlicht wie die der Römer und der romanisierten Gallier. Nähe und Distanz, Befremden und Faszination drücken sich darin aus.

Da es in Tacitus' Germanien-Bild keine Durchmischungen gibt, stellt für ihn der Oberrhein ein Problem dar. Dass Germanen und Gallier hier gemeinsam siedeln, ist eine Tatsache, um die er nicht herumkommt. Wie einst Caesar erklärt er daher die links des Rheins siedelnden Vangionen, Nemeter und Triboker kurzerhand zu Germanen, die Bewohner des Gebiets zwischen Rhein und Donau dagegen zu Galliern (Germ. 28/29). Der Oberrhein bleibt damit eine Völkerscheide, nur haben Germanen und Gallier hier die Seiten getauscht, die römische Welt- und Raumordnung steht gleichsam »auf dem Kopf«. Nebenbei gibt Tacitus dem Gebiet auf der rechten Rheinseite einen Namen, den es bis ans Ende der Römerzeit behalten wird: Dekumatenland (decumates agri). Es entspricht großteils dem heutigen Baden-Württemberg.

Freilich hat der »Germanen-Versteher« Tacitus dies alles nie mit eigenen Augen gesehen, denn Germanien hat er nie betreten. Als Buchgelehrter und zivilisationsmüder Literat projiziert er seine verborgenen Sehnsüchte auf ein ihm fremdes Volk, dessen vermeintliche Vorzüge er dem dekadent-nachklassischen Rom vor Augen stellt[12]. Doch davon sollten wir uns die Freude an seinem Text nicht verderben lassen. Nehmen wir ihn als das, was er ist: ein Stück Literatur von enormer Wirkungsmacht.

Der entfremdete Rhein der Spätantike

Das Römische Reich existierte etwa tausend Jahre, die römische Herrschaft am Oberrhein dauerte immerhin 500 Jahre. Bisher haben wir nur die ersten 200 Jahre kennengelernt, der größere Teil liegt noch vor uns. Es ist eine Epoche großer Veränderungen. Im krisenreichen 3. Jahrhundert ließen sich immer mehr Germanen auf römischem Boden nieder. Manche kamen als Plünderer, andere integrierten sich gut und stiegen in höchste Ämter auf. Die

Namen, unter denen sie antraten, waren neu, weder Caesar noch Tacitus hatte je von Sachsen, Franken oder Alemannen gehört. Traditionelle Stämme bzw. Ethnien waren es keine mehr, sondern die alten Stammesgrenzen sprengende Verbände, die auf ihrem Weg nach Westen wie Wellen an und über die Reichsgrenzen schlugen. Uns interessieren vor allem die Alemannen, die ab dem 3. Jahrhundert zum Oberrhein vordrangen. Der römische Historiker Asinius Quadratus erklärt ihren Namen mit »zusammengelaufene und vermischte Menschen«. Die moderne Germanistik gibt ihm Recht, der Name setzt sich wohl aus den germanischen Wörtern *ala (alle/ verschiedene) und *man (Mensch/ Mann) zusammen.

Gegen Ende des 3. Jahrhunderts gelang es Kaiser Diokletian (Regentschaft: 284-305), die Grenze wieder zu stabilisieren und das Reich neu zu ordnen. Die bisherige Provinz »Germania Superior« wurde aufgelöst und der rechtsrheinische Teil bis auf einen schmalen Landstreifen geräumt. Der Süden wurde der Provinz »Sequania« (Hauptstadt: Vesontio/ Besançon) und der Norden (mit dem Raum Kehl-Straßburg) der Provinz »Germania Prima« zugeschlagen (Hauptstadt: Mogontiatum/ Mainz). Archäologische Funde im Norden Kehls (Auenheim, Diersheim) deuten darauf hin, dass am rechten Rheinufer damals Sueben angesiedelt wurden. Doch von einer »Pax Romana« konnte keine Rede mehr sein. Ein bei Sand-Willstätt geborgener Schatz von ca. 100 Kupfermünzen dürfte aus Angst vor Überfällen dort vergraben worden sein. Brandspuren legen einen Bezug zur Schlacht von Argentoratum nahe, die 357 hier zwischen Römern und Alemannen tobte (Jenisch:2004, S.19).

Dennoch zeugt die Literatur der Spätantike von einer letzten, kulturellen Blüte. Zahlreiche Schriftsteller treten auf, genießen großes gesellschaftliches Ansehen und hinterlassen ein vielfältiges Werk. Einer von ihnen ist **Decimius Magnus Ausonius** (310-394), ein gebürtiger Gallier, getaufter Christ und Römer durch und durch. Um 365 holte ihn Valentianus I. als Lehrer seines Sohns Gratianus, des späteren Kaisers, nach Trier. Als er 368 zu einem Feldzug an den Neckar aufbrach, nahm Valentianus beide dorthin mit. Mit der Rückkehr von dort an die sanfte Mosel setzt Ausonius' 371 verfasstes Epos »Mosella« ein. Er schildert darin liebliche Landschaften, glückliche

Menschen und die Segnungen römischer Zivilisation. Auch die unsichtbare Welt findet in Form von Nymphen und anderen heidnischen Wesen ihren Platz in dieser Traumwelt, während christliche Kirchen mit keinem Wort erwähnt werden. Trotz seiner Taufe war Ausonius literarisch in der altrömischen Welt offenbar mehr zuhause als in der frühchristlichen.

Der gesamte Text ist überreich an Zitaten und Anspielungen auf Texte der römischen Hoch- und Nachklassik: Ovid, Tacitus, Martial und vor allem Vergil. So ist der Text nicht nur ein Hymnus auf die Mosel, sondern auch auf die römische Literatur. Als kunstvolle Textcollage wird uns deren große Tradition noch einmal vor Augen geführt, auch in Bezug auf den Rhein. Denn für Ausonius geht die Mosel nicht im Rhein auf, sondern vereint sich mit dem »schönsten aller Flüsse« zu einem Doppelstrom, der sich erst im Mündungsdelta wieder aufspaltet (v. 428/436). Bis dorthin fließen Rhein und Mosel gemeinsam (v. 420/426). Da Einheit stark macht, bilden sie einen »Limes« (v. 422/435), der andere Befestigungen überflüssig macht. Die römischen Kastelle am Rhein würden daher nun als Scheunen genutzt (v. 457).

Was für ein Finale, die gesamte römische Rheinliteratur der letzten 300 Jahre zieht vor unserem geistigen Auge vorüber: der Rhein als Grenzfluss (Caesar, Tacitus), als zweihörniger Flussgott (Vergil, Ovid) und als Kulturstrom (Martial). Doch bei aller Vielstimmigkeit lässt Ausonius an einem Punkt keinen Zweifel: Der Rhein ist und bleibt ein Römer, der zusammen mit der Mosel das römische Gallien gegen das barbarische Germanien verteidigt. Kritiker warfen Ausonius vor, damit eine literarisch überfrachtete und politisch tendenziöse Propaganda-Schrift vorgelegt zu haben. Er habe ein idealisiertes Gallien beschworen, das es so nicht mehr gab und vielleicht nie gegeben hat. Daran ist sicher etwas Wahres. Dennoch bleibt die »Mosella« für mich eine großartige Abschieds-Symphonie, kulminierend in einem fulminanten, rheinischen Schlussakkord. Bald danach wird es still werden am Rhein, für sehr lange Zeit.

Doch es folgt noch ein kleines Nachspiel, das wir zwei Autoren verdanken. Deren Welt ist freilich bereits eine völlig andere: Nach der Ermordung von Kaiser Gratianus im Jahr 383 beschleunigte sich die schleichende Selbstauflösung des Reiches. Ausonius, der unter Gratianus zum Präfekten Galliens aufgestiegen war, musste in seine Heimatstadt Burdigala (Bordeaux) fliehen, während im fernen Alexandria mit **Claudius Claudianus** (ca. 375-ca. 404) ein neues Dichtertalent heranwuchs. In Ausonius' Todesjahr 394 kam er nach Rom, wo er sich rasch einen Namen machte. Wie Ausonius unterhielt Claudian enge Verbindungen zum kaiserlichen Hof, von dem es seit 395 zwei gab: einen in Konstantinopel für das oströmische und einen in Mailand für das weströmische Reich. An der Spitze beider Teilreiche stand jeweils ein Sohn des letzten gesamt-römischen Kaisers Theodosius I. Der weströmische Imperator Honorius musste seine Macht wiederum mit seinem Heermeister Stilicho teilen. Beiden widmete Claudian je ein Lobgedicht.

In dem um 400 in Mailand verfassten Text »Über Stilichos Konsulat« feiert Claudian Stilichos Sieg über die Germanen. Nach deren Niederlage hätten sie das Schwert gegen die Sichel eingetauscht, um künftig beiderseits des Rheins als friedliche Bauern zu leben. Dem Rhein seien damit erneut seine kriegerischen Hörner gebrochen worden (1, 220f.), ein Bild, das wir schon von Ovid kennen. Wie dieser ordnet Claudian den Rhein der germanischen Welt zu, ohne ihn ganz für Rom verloren zu geben. Denn im Mittelpunkt des Textes steht mit Stilicho ein Mann, dessen Mutter eine Römerin, dessen Vater aber ein Germane war. Damit verkörpert Stilicho jene germanisch-römische Kultursynthese, die nach Claudians Vorstellung künftig am Rhein herrschen soll.

Doch Claudians idyllische Rhein-Utopie weist bei genauem Hinsehen etliche Risse auf: Städte oder Paläste werden nicht mehr erwähnt, denn sie liegen längst in Schutt und Asche. Die römische Literatur wird nicht mehr zitiert (abgesehen von dem versteckten Ovid-Zitat), denn für Schriftkultur ist am germanischen Rhein kein Platz mehr. Und auch die Hoffnung auf eine bäuerliche Agrargesellschaft bleibt unscharf, als läge sie hinter einem Nebelschleier verborgen. So ist Claudians Lobgedicht zwar eine letzte römische Liebeserklärung an den Rhein, aber bereits aus großer Distanz heraus.

Nur ein Jahr nach der Niederschrift dieses Textes zog Stilicho die römischen Truppen endgültig vom Rhein ab, der Grenzschutz wurde den Alemannen übertragen. Diese drangen nach Stilichos Ermordung (408) über den Rhein auf römisches Gebiet vor, wo sie ihr kurzlebiges Reich »Alamannia« errichteten. 455 erwähnt der spätantike Autor **Sidonius Apollinaris** (431-480?) in einem Gedicht auf seinen zum weströmischen Kaiser ausgerufenen Schwiegervater Avitus noch einmal den viel besungenen Strom:

Wilder Alemanne, du trankst aus dem Rhein mit römischen Ufern und in beiden Ländern warst du Bürger oder Sieger. (Ü: L. Claren)[13]

Neben einer umfangreichen Briefsammlung sind von Sidonius 24 Gedichte (carmina) überliefert, darunter acht Lobreden (panegyrici) auf wichtige Zeitgenossen. In der oben zitierten »Lobrede auf Avitus« beschwört er den Rhein als Schutzwall und nennt dessen Ufer »römisch«, obwohl sie sich längst in der Hand der »wilden Alemannen« befinden. Es war die letzte Äußerung eines römischen Dichters zu diesem Thema, bald darauf versank das weströmische Reich in Chaos und Agonie. Als es 480 mit der Ermordung von Iulius Neppos endgültig unterging, nahm dies am Rhein wohl kaum noch jemand zur Kenntnis.

Zeittafel

51 v. Chr.	Caesars »De bello gallico«: Der trennende Rhein
29-19 v. Chr.	Vergils »Aeneis«: Der zweihörnige Rhein
8-12 n. Chr.	Ovids »Tristia«: Der besiegte Rhein
84-96 n. Chr.	Martials »Epigrammata«: Der väterliche Rhein
ca. 98 n. Chr.	Tacitus'»Germania«: Der Rhein als Tor zu einer fremden Welt
ca. 130	Widmungsstein aus Argentoratum für »Vater Rhein«
371	Ausonius' »Mosella«: Der römische Rhein
400	Claudians Lobrede »Auf Stilichos Konsulat«: Der germanische Rhein
455	Sidonius' »Lobrede auf Avitus«: Der alemannische Rhein
480	Ende des weströmischen Reiches

KAPITEL 2

Gott, Tod und Teufel

Der Oberrhein im frühen Mittelalter

6. bis 11. Jahrhundert

Fünf gar nicht so dunkle Jahrhunderte

Seit der Renaissance wird die Epoche zwischen dem Untergang des weströmischen (480) und dem des oströmischen Reiches (1453) als Mittelalter bezeichnet. So jedenfalls nannten italienische Humanisten jene vermeintlich »dunklen« Jahrhunderte zwischen der klassischen Antike und deren erhoffter Wiedergeburt. Es handelt sich um einen Zeitraum von etwa 1.000 Jahren, der einen ganzen Kontinent prägte: vom maurischen Spanien bis ins byzantinische Kleinasien. Es liegt daher auf der Hand, dass es »das« Mittelalter als raumzeitliche Einheit nie gegeben hat. Besser wäre es, im Plural von »den« Mittelaltern zu sprechen, wie im englischsprachigen Raum üblich (Middle Ages).

Die Vielfalt des Mittelalters ist Historikern natürlich bekannt und entsprechend fehlt es nicht an Ordnungsversuchen. Die Geschichtsschreibung des 19. Jahrhunderts bediente sich dafür gerne jahreszeitlicher Metaphern und sprach vom Blühen (Frühling) und Welken (Herbst) von Kulturen. Die noch heute gebräuchliche Einteilung in ein frühes, hohes und spätes Mittelalter mit der staufischen Klassik als Höhe- und Scheitelpunkt geht darauf zurück. Wir wollen uns in diesem Kapitel zunächst mit dem Frühling des Mittelalters befassen. Unser Weg führt durch die Welt der Merowinger, der Karolinger und der Ottonen und somit durch ein halbes Jahrtausend oberrheinischer Geschichte und Literatur.

Höhepunkte dieser Entwicklung sind die karolingische und die ottonische Renaissance, doch auch die Merowinger stehen kulturell nicht mit leeren Händen da[14]. Nur ein geografisches Ungleichgewicht wird sich leider nicht vermeiden lassen. Während das linke Ufer mittlerweile mit eigener Stimme spricht, verharrt das rechte noch in einer Beobachterrolle. Immerhin wird es zunehmend als literarisches Objekt wahrgenommen, benannt und beschrieben. So tauchen in diesem Kapitel auch erstmals die Namen der uns interessierenden Städte Straßburg und Kehl auf (6. bzw. 11. Jahrhundert).

Heiden und Heilige zur Zeit der Merowinger

An der Wende von der Antike zum Mittelalter hatten die Alemannen auf einst römischem Boden ein Reich errichtetet, das im 3. Jahrhundert zunächst das rechtsrheinische Dekumatenland umfasste und im 5. Jahrhundert bis an die Seine erweitert wurde. Im frühen 6. Jahrhundert geriet das Gebiet unter die Herrschaft der Franken, ein multi-ethnischer Verband (ähnlich den Alemannen), der sich nun auch mit der gallorömischen Bevölkerung vermischte. Von ihr übernahmen die Franken großteils Sprache und (katholische) Religion.

Doch das neue Reich der Merowinger war kein fest gefügter Staat, sondern ein amöbenartiges Gebilde, das sich immer wieder veränderte, auseinanderfiel und erneut zusammenwuchs. Die wichtigsten Teilreiche waren Austrasien, Neustrien und Burgund, die ihrerseits immer wieder aufgeteilt und neu verknüpft wurden. An deren Spitze standen zwar Könige aus der gleichen Familie, aber »familiär« ging es nicht zu. Die wenigsten starben eines natürlichen Todes und fast immer kamen die Mörder aus der eigenen Verwandtschaft.

Von Chlodwigs Tod (511) bis zu dem Pippins des Jüngeren (768) bildete der östliche Teil des Frankenreiches unter dem Namen »Austrasia« (Austrasien) ein weitgehend selbständiges Staatsgebiet um Maas, Mosel, Rhein und Main. Hauptstadt war zunächst Reims und dann Metz. Auch im elsässischen Marilegium (Marlenheim) bei Straßburg gab es eine königliche Residenz, in der sich die aus dem spanischen Westgotenreich stammende Königin Brunichildis (ca. 545-613) gerne aufhielt. 566 hatte sie den austrasischen König Sigibert I. geheiratet, der 575 von seinem Halbbruder Chilperich von Neustrien ermordet wurde. Nach ihrer Flucht aus der Gefangenschaft heiratete Brunichildis Chilperichs Sohn Merowech, der 577 von seinem Vater in einen Hinterhalt gelockt wurde und sich daraufhin von einem Vertrauten töten ließ. Chilperich selbst wurde 584 ermordet, woran Brunichildis wohl nicht unbeteiligt war. Alles in allem eine ganz normale Geschichte aus der Merowingerzeit.

Am Ende war Brunichildis Alleinregentin, auch wenn formal andere die Königskrone trugen: zunächst ihr Sohn Childebert II. (575-596), dann ihre beiden Enkel Theudebert II. und Theuderich II. (der 612 Theudebert töten ließ) und schließlich 613 ihr Urenkel Sigibert II. Im gleichen Jahr wurde Brunichildis gestürzt und an Chilperichs Sohn Chlothar II. von Neustrien ausgeliefert. Er ließ sie und ihren Urenkel brutal hinrichten, doch in der Heldenepik des 13. (Nibelungenlied) und der Opernwelt des 19. Jahrhunderts (Rheingold) sollte sie als wehrhafte Walküre Brunhild bzw. Brünhilde wieder auferstehen.

Während in ihrer Familie ein blutiger Krieg tobte, sicherte Brunichildis ihrem Land für einige Jahrzehnte den Frieden und ermöglichte damit eine gewisse geistige Blüte. Zu ihrem Hofstaat zählten auch zwei Schriftsteller: der Lyriker **Venantius Fortunatus** (540-600?) und der Prosaiker **Gregor von Tours** (eigtl. Georgius Florentius: 538-594). Beide verfügten über eine klassische Bildung und verstanden sich als römische Autoren. So verfasste Fortunatus ein Langgedicht über Brunichildis' erste Hochzeit im Stil von Ausonius' »Mosella« und Gregor eine zehnbändige Universalgeschichte (577-91) im Stil römischer Historiker. Seine »Zehn Bücher Geschichten« (Decem libri Historiarum) erzählen die Entwicklung der Menschheit von der Erschaffung der Welt bis in die damalige Gegenwart nach, wobei die letzten sechs Bände ganz dem Frankenreich gewidmet sind. Es ist eine Art Tatsachenroman voller »Sex and crime«, der trotz mancher Schwächen als wichtigste Geschichtsquelle der Merowingerzeit gilt.

Während seiner Arbeit an diesem Werk reiste Gregor mindestens einmal (585) in Brunichildis' Residenz nach Marlenheim und lernte so das Elsass kennen. In den letzten beiden Bänden seines Werks erwähnt er die Weinberge von Childebert II., ein erster Hinweis darauf, dass die von den Römern eingeführte Weinkultur am Oberrhein auch in fränkischer Zeit weiter gepflegt wurde. Außerdem fällt an zwei Stellen der Name »Strateburgum«. Erstmals ist damit der neue Name der einstigen Römerstadt Argentoratum belegt:

> Also hielt sich Childebert im selben Jahr wie vorher erwähnt mit Gattin und Mutter innerhalb der Grenzen der Stadt auf, die Straßburg heißt [...]. Dieser wurde sogleich zur Stadt Argentoratum, die jetzt Straßburg heißt, abgeführt und mit Verbannung bestraft. (Ü: L. Claren)[15]

Ich stelle mir vor, wie Gregor von Tours 585 vom linken Rheinufer auf das rechte hinüberblickte. Auch dieses Gebiet gehörte zu Austrasien und war vom gleichen gallo-germanischen Menschenschlag besiedelt[16]. Doch im Unterschied zur linken Seite gab es kaum Städte oder Klöster, die das Christentum verbreiten konnten. Entsprechend waren die Bewohner der dortigen Fischer- und Bauerndörfer fast allesamt Heiden. Zu ihrer Missionierung sollte noch im gleichen Jahr das »Alemannen-Bistum« Konstanz gegründet werden. Freilich waren die Bemühungen seiner Bischöfe anfangs nicht sehr erfolgreich, doch das änderte sich mit der irisch-schottischen Mission: Bald nach Gregors Tod fuhr ein Schiff den Rhein hinauf, vorbei an Kehl und Straßburg. An Bord befand sich der Missionar **Columban von Luxeuil** (540-615), der 591 mit zwölf Getreuen seine irische Heimat verlassen hatte. In Austrasien wurde er von König Childebert II. empfangen und gründete mehrere Klöster in den Vogesen. Nach einem Zerwürfnis mit Brunichildis missionierte Columban im Auftrag Theudeberts II. die rechtsrheinischen Alemannen. Der Schwerpunkt seiner Tätigkeit lag zwischen Freiburg und Bregenz, auch die Gründung der späteren Reichsabtei Schuttern, des ältesten Klosters der Ortenau, fällt in diese Zeit. Die Klosterchronik nennt das Jahr 603, einen Beleg dafür gibt es allerdings nicht.

Doch Columban war nicht nur ein Mann Gottes, sondern auch der Literatur. Neben Briefen und Abhandlungen sind fünf Gedichte überliefert, die ihn als wortgewaltigen Poeten ausweisen. Eines davon beschreibt seine Bootsfahrt auf dem Rhein. In der zweiten Zeile dieses »Schifferliedes« (Carmen navale) nennt Columban den Strom zweihörnig und erweist sich damit als Kenner der römischen Literatur. Freilich interpretiert er das Bild nicht politisch, sondern religiös. Statt für Römer oder Germanen stehen die Hörner für das Heidentum, das er überwinden will. Der äußere Kampf der Ruderer gegen Wellen und Sturm wird zur Metapher für den inneren Kampf mit dem Teufel:

In Wäldern gefällt, zieht gesteuerter Kiel durch den Strom
des zweihörn'gen Rheines und gleitet gesalbt auf der Flut.
Heja, Männer! Unser hallend Echo töne heja!

Wild blasen die Winde, der schreckliche Regen quält,
doch die Kraft fähiger Männer besiegt und streckt nieder den Sturm.
Heja, Männer! Unser hallend Echo töne heja!

Denn die Wolken erliegen dem Eifer, es erliegen die Stürme,
alle zusammen zähmt die Anstrengung, unablässige Arbeit besiegt alles.
Heja, Männer! Unser hallend Echo töne heja!

Haltet aus und wahrt euch günstige Lagen,
die ihr Schlimm'res gelitten; Gott gibt auch diesem ein Ende.
Heja, Männer! Unser hallend Echo töne heja!

So wirkt der verhasste Feind die Herzen ermüdend
und mit übler Versuchung erschüttert er das Herzinnerste im Zorn.
Euer Sinn, Männer, in Christus-Erinn'rung durchtöne er heja!

Bleibt beständiger Seele und verschmäht des Feindes Kunstgriffe,
mit den Waffen der Tugend verteidigt euch rechtens.
Euer Sinn, Männer, in Christus-Erinn'rung durchtöne er heja!

Fester Glaube übermag alles wie seliger Eifer,
und der uralte Feind lässt ab und bricht seine Spitzen.
Euer Sinn, Männer, in Christus-Erinn'rung durchtöne er heja!

Auch der König der Tugend, die Quelle der Dinge, höchste Gewalt,
verbürgt sich den Strebenden und reicht den Siegenden Preise.
Euer Sinn, Männer, in Christus-Erinn'rung durchtöne er heja!
(Ü: L. Claren) [17]

Nach Brunichildis' Sturz erlebte das Reich der Merowinger eine letzte Phase der Einheit und relativen Blüte, bevor ein neuer Niedergang einsetzte. Dokument und Spiegel dieses Kulturverfalls ist die vierbändige Fredegar-Chronik. Sie entstand um 660, besteht aus mehreren, nur lose verbundenen Teilen und erzählt in schlechtem Latein die fränkische Geschichte bis ins Jahr 642 sehr frei nach. Die Existenz eines Autors namens **Fredegar** ist umstritten, sein Name wird erst im 16. Jahrhundert erwähnt. Darüber hinaus ist der Text stilistisch so heterogen, dass auch verschiedene Verfasser denkbar sind. Doch für unser Thema ist der Text von Bedeutung, denn erstmals werden hier die Bewohner des Rheintals als »Elsässer« (Alesaciones) bezeichnet. Der Name könnte vom keltischen Wort für Klippe (den Vogesen?) oder von den alemannischen Wörtern *ali (fremd) und *sass (Land) abgeleitet sein. In diesem Fall wären die Elsässer alemannische Siedler in einem ursprünglich gallo-römischen, also für sie fremden Land. Übrigens sind für Fredegar auch die rechtsrheinischen Bewohner Elsässer. Aber da die Siedlungsdichte am linken Ufer deutlich höher war, betraf die Neubenennung vorwiegend die dortige Bevölkerung.

Poeten und Politiker zur Zeit der Karolinger

Im 8. Jahrhundert beginnt sich der Nebel über dem rechtsrheinischen Vorland von Straßburg langsam zu heben, einzelne Namen und Geschichtsfetzen tauchen auf. Wir wollen versuchen, sie zusammenzufügen: Während das Merowingerreich nicht nur literarisch seinem Ende entgegenging, fasste das Christentum auf der rechten Rheinseite zunehmend Fuß. 710 wird eine erste Pfarrkirche auf dem späteren Gebiet von Kork erwähnt. Auf einer heute versunkenen Rheininsel nördlich davon ist seit 722 das von irisch-schottischen Mönchen gegründete Kloster Honau urkundlich belegt (1290 wird es nach Rheinau, 1398 nach Straßburg verlegt). 763 taucht als Bezeichnung des Umlands erstmals der Name »Mordunouva« (Ortenau) auf. Vermutlich geht er auf die Keltensiedlung *Mori-Durum zurück (bei der späteren Burg Ortenberg). 778 benennt die Gründungsurkunde von Kloster Eschau mit dem Kirchspiel Kork (Corkhe) erstmals eine heute zu Kehl gehörende Ortschaft[18].

Seit 763 herrschte über das Frankenreich der Karolinger Karl der Große, an dessen Hofschule Gelehrte aus ganz Europa tätig waren. Zu den Absolventen zählte der spätere Straßburger Bischof Bernald, der kurz nach Amtsantritt den Dichter **Ermoldus Nigellus** empfing. Dieser war von Karls Sohn und Nachfolger Ludwig dem Frommen aus Aquitanien nach Straßburg verbannt worden[19]. In Bernald fand Ermold zwar einen gebildeten Gesprächspartner, doch sein Heimweh blieb groß. Um eine Begnadigung zu erwirken, verfasste er ein vierbändiges Lobgedicht auf Ludwig (2.649 Verse). Als der erwünschte Erfolg ausblieb, schickte er zwei Klage-Elegien an dessen Sohn Pippin hinterher (200 bzw. 222 Verse). Alle drei Werke entstanden in Straßburg (823-30) und sind in kunstvollen Doppelversen (Distichen) verfasst.

Uns interessiert die erste Elegie (Carmina in laudem gloriossimi Pippini regis), deren Hauptfigur die römische Muse Thalia ist. Bei Vergil steht sie für das Landleben, bei Ovid für die Liebe, bei Horaz leitet sie als Grazie Roms Festchöre. So verbindet Thalia Stadt und Land, Gelehrsamkeit und Herzensbildung. Als Gesandte des Autors reist sie an Ostern zu Pippin, ein Hinweis darauf, dass Ermold auf eine persönliche »Auferstehung« hofft. Pippin erkundigt sich höflich nach Ermold und Thalia beschreibt dessen Verbannungsort. Als Personifikationen von Vogesen und Rhein lässt sie Wasacus und Rhenus erscheinen, die sich darüber streiten, wer mehr zum Wohlstand des Landes beigetragen hat.

Den personifizierten Rhein kennen wir aus der römischen Literatur (Vergil, Ovid, Ausonius), ebenso die Vorstellung vom Rhein als Grenze (Caesar, Tacitus, Ausonius). Letzteres passt freilich nicht in die politische, wirtschaftliche und soziale Wirklichkeit der Karolingerzeit, denn das rechte Ufer wurde zu Ermolds Zeit zunehmend erschlossen[20]. Doch der Text spiegelt eben nicht die Wirklichkeit, sondern das Bildungswissen und die Vorurteile seiner Zeit wider. Als Gelehrter dachte Ermold beim Rhein zuerst an dessen Bild in der Literatur, als Kleriker befremdete ihn das rechtsrheinische Heidentum und als Städter verachtete er die dort ansässige Landbevölkerung. Gründe, den Rhein als Grenze zu empfinden, gab es für ihn also genug.

Im letzten Abschnitt ergreift Thalia erneut das Wort, erzählt von der Stadt Straßburg und ihrem Bischof Bernald. Als gebürtiger Sachse galt dieser als Abkömmling eines »Barbarenvolks«. Und doch hatte er Karls Hofschule absolviert und gab sein Wissen sogar an das einfache Volk weiter. Um von diesem verstanden zu werden, predigte er laut Ermold nicht nur auf Latein, sondern auch in der Volkssprache:

> Der demütige Mann, von Güte strahlend und von Frömmigkeit funkelnd mit
> einem Herzen von angeborenen Fähigkeiten – doch das allzu sehr verfinsterte
> Volk, das er gerade als Bischof ehrenvoll und von Reichtum mächtig führt,
> versteht nicht, Gott zu lieben; es hat eine barbarische Sprache und wäre ohne
> Kenntnis der heiligen Schrift, hätte es nicht einen geistvollen Vorsteher; dieser
> kämpft darum, den Völkern mit bekanntem Wort die Schriften zu eröffnen
> und beständig pflügt er die Herzen, weil er zugleich als Dolmetscher und als
> Vorsteher wirkt; so führt er durch Ermahnen seine Herde zum Himmel.
> (Ü: L. Claren)[21]

Dass die sprachliche Emanzipation nicht auf den religiösen Bereich beschränkt blieb, zeigen die so genannten Straßburger Eide (842), die zwei Jahre nach Bernalds Tod formuliert und von dem Chronisten und Dichter **Nithardus** (ca. 795-845) überliefert wurden. Dieser war ein unehelicher Sohn von Bertha, einer Tochter Karls des Großen, und Angilbert, seines Hofkaplans und Hofpoeten. Als Nithards Hauptwerk gelten die vierbändigen »Historiae« (Geschichten), in denen er die Zeit zwischen Karls Tod (814) und seinem eigenen beschreibt (er fiel 845 im Kampf gegen die Normannen). Als wichtigste, aber in vielem auch einzige Quelle dieser Zeit ist der Text mit Vorsicht zu lesen, da ein Korrektiv fehlt. Nehmen wir Nithards

Bericht daher als das, was er vordergründig ist, eine spannende Erzählung.

Nach Ludwigs und Pippins Tod trat Ludwigs ältester Sohn Lothar I. dessen Nachfolge an. Doch sein Bruder Ludwig der Bayer (später fälschlich »der Deutsche« genannt)[22] und sein Halbbruder Karl der Kahle (zu dessen Anhänger Nithart zählt) verbündeten sich gegen ihn, schlugen ihn 841 in der Schlacht von Fontenoy und erneuerten ihr Bündnis am Valentinstag des Folgejahres durch ein öffentliches Gelöbnis in Straßburg. Nithards Bericht zufolge schwor dabei jeder in der Sprache des anderen: der Ostfranke Ludwig in einem galloromanischen (altfranzösischen), der Westfranke Karl in einem rheinfränkischen (althochdeutschen) Dialekt. Danach schlossen sich die Unterführer und Vasallen dem Schwur an, wobei diese ihre eigene Sprache verwendeten. Nithards lateinischer Bericht zitiert sämtliche Eidesformeln im Original[23]:

Pro Deo amur et pro christian poblo et nostro commun salvament, d'ist di en avant, in quant Deus savir et podir me dunat, si salvarai eo cist meon fradre Karlo, et in adiudha et in cadhuna cosa, si cum om per dreit son fradra salvar dift, in o quid il mi altresi fazet, et ab Ludher nul plaid numquam prindrai qui meon vol cist meon fradre Karle in damno sit. (Ludwig der Deutsche)

In godes minna ind in thes christanes folches ind unser bedhero gehaltnissi fon thesemo dage frammordes so fram so mir got geuuizci indi mahd furgibit so haldih thesan minan bruodher soso man mit rehtu sinan bruodher scal in thiu thaz er mig so sama duo indi mit ludheren in nohheiniu thing ne gegango the minan uillon imo ce scadhen uuerdhen. (Karl der Kahle)

Vorsichtige Zweifel an Nithards Bericht sind allerdings angebracht: Für das einfache Volk dürften die beiden Formeln so unverständlich gewesen sein wie Latein. Möglicherweise bildeten sie gar keine Volkssprache ab, sondern waren Kunstidiome, die sich an die tatsächlich gesprochenen Dialekte nur grob anlehnten. In Wirklichkeit will Nithard wohl etwas anderes zum Ausdruck bringen. Indem Karl und Ludwig neben die verbindende Reichssprache Latein zwei trennende Volkssprachen setzen, verkünden sie ihre Absicht, das

Reich in zwei Teile zu spalten, und zwar entlang der Sprachgrenze. Die sprachliche Form verrät den politisch brisanten Inhalt. Und tatsächlich kam es im Vertrag von Meerssen (870) zu einer solchen Zweiteilung, die Europas Geschichte noch lange prägen sollte.

Starker Strom und starke Frauen zur Zeit der Ottonen

Zu den Sehenswürdigkeiten des Straßburger Münsters gehören fünf Kaiserfenster im nördlichen Seitenschiff. Die beiden ältesten (um 1210) sind Relikte des romanischen Wernher-Münsters[24], eines zeigt Otto I., Otto II. und Otto III. Die Kaiserkrönung Ottos I. (962) gilt gemeinhin als Geburtsstunde des »Heiligen Römischen Reiches«, auch wenn diese Bezeichnung erst später gebräuchlich wurde[25]. Doch die vielleicht wichtigste Person der ottonischen Zeit fehlt auf dem Fenster: **Adelheid von Burgund** (931-999). Als zweite Gattin Ottos I. wurde sie mit ihm gemeinsam zur gleichberechtigten Kaiserin gekrönt. Nach dessen Tod übte sie ab 973 für ihren noch unmündigen Sohn Otto II. die Regentschaft aus. Als dieser 983 starb, führte sie für ihren Enkel Otto III. die Regierungsgeschäfte. Erst danach zog sie sich in das von ihr gestiftete Kloster Seltz im Elsass zurück, wo sie 999 starb und (anders als die drei »Ottonen«) schon bald als Heilige verehrt wurde.

Es war auch in kultureller Hinsicht eine Blütezeit, für die der Kunsthistoriker Hubert Janitschek den Begriff der ottonischen Renaissance geprägt hat (ebenso hätte er von Adelheid'scher Renaissance sprechen können). Baugeschichtlich verknüpft dieser Stil altrömische, karolingische und byzantinische Elemente (wohl vermittelt durch die Ehe Ottos II. mit der byzantinischen Kaisertochter Theophanu) zu etwas Neuem, aus dem der erste gesamt-europäische Kunststil seit der Antike hervorgehen sollte: die Romanik. Von deren Anfängen in ottonischer Zeit zeugt in Straßburg die Krypta des Münsters, doch auch auf der rechten Rheinseite finden sich Beispiele: In Freistett steht eine Nikolauskapelle, deren Name »Heidenkirchl« auf ihr hohes Alter hinweist. Da der Balken über dem Eingang aus dem 10. Jahrhundert stammt, wurde auch das Gebäude auf diese Zeit datiert und gilt (trotz späterer Veränderungen) als ältester Kirchenbau des Hanauerlands. 1972 wurde unter der Pfarrkirche von Schuttern ein Mosaik entdeckt, das den Streit zwischen Kain und Abel darstellt. Der Grabungsleiter Karl List datierte es auf das 11. Jahrhundert und damit auf die späte Ottonen- oder frühe Salierzeit. In Kehl selbst gibt es keine ottonischen Relikte, doch eine in Straßburg lagernde Urkunde aus dem Jahr 1038 erwähnt die Weihe einer Kapelle im Pfarrort »Keyle« (Kehl) durch den Straßburger Bischof Wilhelm I. Der Ortsname ist somit seit der Ottonenzeit belegt.

Ein literarisches Dokument aus ottonischer Zeit ist die lateinische Heldendichtung »Waltharius«, deren Autor sich **Geraldus** nennt. Dabei könnte es sich um Gérald von Tours (»französische« These), den Abt Ekkehard I. von St. Gallen (»schweizerische« These) oder einen Kleriker aus dem Umfeld des Mainzer Bischofs Arkanbald (»deutsche« These) handeln. Ich will mich einer vierten (»oberrheinischen«) These anschließen, die die Entstehung in Straßburg verortet[26]. Ihr zufolge bezieht sich die Widmung im Prolog auf den Straßburger Bischof Erkanbald. Er wurde 965 von Otto II. eingesetzt, galt als literarisch interessiert und starb 991, wenige Monate vor einem gewissen Gerold. Auch die präzise Beschreibung der Felsen am Wasigenstein deuten auf einen elsässischen Verfasser hin.

Die Dichtung besteht aus 1.456 Hexametern und verknüpft zwei Erzählstränge miteinander: die westfränkische (»französische«) Sage um Walter und Hiltgunt und die ostfränkische (»deutsche«) Nibelungen-Sage. Beide wurden von Generation zu Generation mündlich weitergegeben und mit immer neuen Elementen angereichert. Manche erinnern an die Völkerwanderung, andere an die merowingische, karolingische und ottonische Zeit. Hauptfiguren sind der Westfranke Waltharius von Aquitanien, der Ostfranke Hagano von Troja (im Nibelungenlied »Hagen von Tronje«), und Hiltgunt, eine Prinzessin aus Burgund. Die Konstellation erinnert verblüffend an die Dreiteilung des Merowingerreiches in Neustrien, Austrasien und Burgund bzw. an die des Karolingerreiches in ein West-, ein Ost- und ein Zwischenreich namens Lotharingien. Bei Hiltgunt mögen die Zeitgenossen zudem an Kaiserin Adelheid gedacht haben.

Die drei Protagonisten wachsen als Geiseln am Hof Attilas in Pannonien (Westungarn) auf. Doch der vermeintlich »barbarische« Hunnenfürst behandelt sie nicht wie Gefangene, sondern wie seine eigenen Kinder und überträgt ihnen verantwortungsvolle Aufgaben: Waltharius und Hagano werden Heerführer, Hiltgunt wird Hüterin des Hunnenschatzes. Auch untereinander sind sie eng verbunden: Waltharius und Hagano werden Blutsbrüder, Hiltgunt und Waltharius ein Liebespaar. Doch ihr Heimweh ist so groß, dass sie heimlich fliehen, wobei Hiltgunt einen Teil des Schatzes mitnimmt. Nach 40 Tagesmärschen erreichen sie den vermeintlich rettenden Rhein, doch die eigentliche Gefahr lauert auf der linken Seite. Die seit den Römern tradierte und zuletzt von Ermold vertretene Vorstellung, das rechte Ufer sei das der Barbarei und das linke das der Zivilisation, wird hier umgedreht.

Der Grund ist folgender: Hagano hat seinem König Guntharius in Worms vom Hunnenschatz erzählt, woraufhin dieser beschließt, Waltharius mit 12 Gefolgsleuten entgegenzuziehen und die Herausgabe des Schatzes zu fordern. Auch Hagano muss ihm folgen, für ihn ein unlösbarer Wertekonflikt. Entweder verrät er seinen König oder seinen Blutsbruder. Das Ergebnis ist eine Katastrophe. Waltharius tötet die 12 Begleiter, Guntharius zwingt Hagano zu einem Kampf, in dem alle zu Invaliden werden: Guntharius verliert ein Bein, Hagano seine rechte Gesichtshälfte nebst Auge und Waltharius seine rechte Hand. Die Zeit nach dem Kampf ist stets die Stunde der Frauen. Hiltgunt tritt auf und liefert, was die drei am nötigsten brauchen: medizinische Erstversorgung, tröstenden Zuspruch und viel Alkohol. Am Ende kommt es zur allgemeinen Versöhnung und finalen Heimkehr: Guntharius und Hagano kehren nach Worms zurück und Hiltgunt folgt Waltharius nach Aquitanien.

Gerald kritisiert mit seiner Erzählung den Werteverfall im Allgemeinen und den Zerfall des Frankenreiches im Besonderen, und zwar just in der Stadt, von der die Spaltung (mit den Straßburger Eiden) einst ausgegangen war. Dabei nutzt der Autor den Sagenstoff zu einer Generalabrechnung mit seiner Zeit. Ich sehe ihn als Anhänger eines europäisch-fränkischen Gesamtreichs, das durch Waltharius, Hagano und Hiltgunt verkörpert und durch die »alten«

Werte der germanischen Heldensage zusammengehalten wird: Freundschaft und Liebe. Auch scheint Gerald weiblicher Politik (verkörpert durch Hiltgunt) mehr zu vertrauen als männlicher. Dem stehen die »neuen« Werte der frühhöfischen Welt gegenüber, die auf der linken Rheinseite verortet und durch Guntharius verkörpert werden: materieller Besitz und bedingungslose Vasallentreue. Sie provozieren einen »deutsch-französischen« Bruderkrieg zwischen dem Westfranken Waltharius und dem Ostfranken Hagano, an dessen Ende es nur Verlierer geben kann. Auch der Märchenschluss kann nicht darüber hinwegtäuschen, dass eine Lösung des Konflikts nicht von dieser Welt ist.

Zeittafel

496-537	Angliederung Alemanniens an das Frankenreich
511-768	Der Oberrhein ist Teil Austrasiens
575-591	Grégor v. Tours »Decem libri Historiarum«: Erstbeleg des Namens Straßburg
610	Columbans d. J. »Carmen«: Der teuflische Rhein
660	Fredegars »Chronik«: Erstbeleg der Elsässer
823-30	Ermolds »Carmina«: Der fruchtbare und begrenzende Rhein
842	Nithards »Chronik«: Schilderung der Straßburger Eide
nach 982	Gerolds »Waltharius«: Das doppelte Erbe am Rhein
1038	Ersterwähnung Kehls

KAPITEL 3

Hohe Blüte, tiefer Sturz

Vom hohen zum späten Mittelalter

12. bis 15. Jahrhundert

Staufische Vielfalt

Wenden wir uns nun der zweiten Hälfte des Mittelalters zu. In diesen Zeitabschnitt fällt der Bau des Straßburger Münsters, dessen Strahlkraft weit über unsere Region hinausreicht. Auch literarisch »leuchteten« Straßburg und sein Umland damals, nicht zuletzt um das Jahr 1200. In der deutschen (nicht der französischen) Literaturgeschichte ist es üblich, diese Zeit als staufische Klassik zu bezeichnen[27]. Sie ist nach dem schwäbischen Adelsgeschlecht der Staufer benannt, das von 1138 bis 1250 die Könige des Heiligen Römischen Reiches stellte, zu dem auch das Elsass gehörte.

Auffälligstes Merkmal der staufischen Literatur ist der Übergang von der lateinischen Einheitssprache zur Vielfalt europäischer Volkssprachen. Den Anfang machten provenzalische Troubadoure (ihre Sprache gilt als erste Literatursprache Europas). Mitte des 12. Jahrhunderts erreichte die Bewegung den französischen Sprachraum (der damals das nördliche Frankreich und England umfasste) und in der zweiten Jahrhunderthälfte auch den deutschen. Vielleicht ist die schwäbische Herkunft der Staufer einer der Gründe für den Prestige-Gewinn des Alemannischen. Jedenfalls wurde dieser Regionaldialekt zur Grundlage einer neuen Standard-Sprache, die sich rasch in weiten Teilen des deutschsprachigen Raums durchsetzte: des Mittelhochdeutschen. Doch dies betraf nur das sprachliche »Material«, in Form und Inhalt orientierte man sich an Frankreich.

Verkörpert wird die deutsch-französische Kulturbrücke der Stauferzeit durch das Herrscherpaar Friedrich I. Barbarossa und Beatrix von Burgund, seine zweite Frau und Mitregentin: ab 1156 als deutsche Königin, ab 1167 als Kaiserin und ab 1178 als Königin von Burgund. Als sie 1184 starb, gab es zwischen Basel und Mainz bereits zahlreiche Vertreter des neuen Stils, der als »rheinische« Schule bezeichnet wird. Auch das Gebiet um Straßburg blühte damals literarisch auf.

Nördlich von Straßburg ist vermutlich **Reinmar von Hagenau** anzusiedeln, einer der ersten Minnesänger, die in mittelhochdeutscher Sprache nach französischem Vorbild dichteten. Seine Spezialität war die Hohe Minne (altfrz. fin' amors), eine stark ritualisierte Liebeslyrik, in der ein Mann seinem Begehren nach einer sozial höher stehenden und für ihn unerreichbaren Dame Ausdruck verleiht. Dazu entwickelte Reinmar eine völlig neuartige Gefühlssprache, die sich am Vorbild provenzalischer Troubadoure orientierte. Der soziale Ort dieser Lyrik ist eine idealisierte höfische Welt, vielleicht inspiriert durch die Kaiserpfalz in Hagenau. Jedenfalls wird er dieser mit seinem Beinamen zugeordnet.

Ein anti-höfisches Gegenstück dazu bildet die satirische Verserzählung »Reinhart Fuchs«. Durch seinen Dialekt sowie die Erwähnung der Abtei von Erstein und der Horburg bei Colmar ist ihr Autor **Heinrich von Glîchezaere** (dt. der Gleißner) wohl südlich von Straßburg zu verorten. In seiner nach dem Vorbild des französischen »Roman du renart« gestalteten Tierfabel (der ersten in der deutschen Literatur) verspottet er die (staufische) Hofgesellschaft, die nicht als Ort der hohen Minne, sondern der hohen Intrigenkunst erscheint.

Nochmals anders geartet ist das Werk der **Herrad von Landsberg**. Als Äbtissin des von der heiligen Odilia gegründeten Klosters Hohenburg (dem heutigen Odilienberg), verfasste sie unter dem Titel »Hortus Deliciarum« (dt. Garten der Köstlichkeiten) in lateinischer Sprache die erste von einer Frau verfasste Wissensenzyklopädie. Das Werk war für den klösterlichen Unterricht gedacht und wurde zum besseren Verständnis mit 344 Illustrationen und einem mehrsprachigen Glossar versehen. Leider ist es bei der Belagerung Straßburgs 1870 verbrannt.

Reinmar haben wir uns als Adligen, Heinrich als Bürgerlichen und Herrad als Klerikerin vorzustellen. Wie man sieht, kannte die Literatur der Stauferzeit keine Geschlechter- (Männer und Frauen), keine Sprach- (Lateinisch und Deutsch) und keine Standesgrenzen (Adels-, Kleriker- und Bürgerstand). Im Werk eines Autors flossen diese im Mittelalter eigentlich streng getrennten Lebenswelten sogar zusammen und bildeten ein neuartiges Ganzes: bei **Gottfried von Straßburg**.

Traumwelten im »Tristan«

Gottfrieds Lebensdaten und sein sozialer Stand sind unbekannt, wir kennen ihn nur aus seinem Werk. Dieses zeugt von einem Bildungsgrad, wie er für Kleriker typisch ist, ein deutlicher Unterschied zu anderen Minnesängern. Die Handlung der Geschichte jedoch ist stark vom höfischen Liebes- und Abenteuerroman beeinflusst, dessen Helden (und wohl auch Publikum) Adlige waren. Das gesamte Inventar des Genres ist vorhanden: stolze Burgen, kühne Ritter, schöne Jungfrauen und böse Drachen. Gottfrieds Wertesystem hingegen ist zutiefst bürgerlich. Abstammung gilt ihm wenig, für ihn steht das »Herz« (v. 47) an erster Stelle. Erst dadurch werde der Mensch »gewerdelt« (v. 44), also in der Welt bzw. Gesellschaft verankert, um »der werlt zu liebe« (zum Nutzen der Welt) tätig zu werden. Das Ergebnis von Gottfrieds sich aus diesen drei Welten speisenden Dichtens ist mit seinen nahezu 20.000 Versen eines der umfangreichsten und für mich großartigsten Werke des Mittelalters: das Versepos »Tristan« (1205-1210).

Da Richard Wagners Musikdrama »Tristan und Isolde« (1865) bekannter sein dürfte, sei gleich zu Beginn betont, dass es bei Gottfried drei Isoldes (mhd. Îsôt) gibt: eine irische, eine englische und eine französische. Alle drei spielen im Leben des Waisenkinds Tristan eine wichtige Rolle. Die erste ist Königin von Irland und rettet

Tristans Leben. Mit magischen Kräften heilt sie eine tödliche Wunde, die ihm ihr Ehemann Morold zugefügt hat, obwohl Tristan diesen getötet hat. Die zweite ist die Tochter dieser Königin, die Tristans Onkel Marke von Cornwall heiratet und damit zur Königin seines Landes macht. Die dritte mit Namen »Weißhand« ist eine Prinzessin aus der Normandie, die sich in Tristan verliebt und ihm unbeabsichtigt den Tod bringt (was in Gottfrieds Fragment gebliebenem Text nicht mehr zu Ende erzählt wird). Bei Wagner verschmelzen die drei Figuren zu einer einzigen, die am Ende den Liebestod erleidet. Nichts davon findet sich bei Gottfried.

Von seinen drei Isolden soll uns die mittlere interessieren, von der es heißt: »Diu süeze Îsôt, diu reine / Si sang in, si schreip und si las« (v. 8.054f.). Der Erzähler und seine Heldin sind also Berufskollegen, beide singen und schreiben, sind also »Dichter«. Und in beiden steckt wohl ein Teil des Autors, der damit neben der Standes- auch die Geschlechtergrenze relativiert. Zu dieser Isolde wird Tristan von Marke als Brautwerber geschickt. Wie es sich für einen Ritter gehört, erschlägt er in Irland erstmal einen Drachen, wofür ihm eigentlich die Hand der Königstochter gebührt. Damit sind die beiden bereits schicksalhaft verbunden, bevor sie sich das erste Mal sehen. Dennoch bringt Tristan Isolde mit dem Schiff zu Marke. Isoldes Dienerin Brangäne hat zuvor von Irlands Königin einen Liebestrank erhalten. Er ist für Marke bestimmt, der dadurch in ewiger Liebe an Isolde gebunden werden soll. Doch der Zufall bzw. das Schicksal will es, dass Tristan und Isolde ihn während der Überfahrt gemeinsam trinken. Die Folgen sind fatal, denn bei Ankunft in England ist Isolde keine Jungfrau mehr.

Zwar gelingt es zunächst, Marke zu täuschen, indem die jungfräuliche Brangäne heimlich mit ihm die Hochzeitsnacht verbringt. Doch da auch die verheiratete Isolde nicht von Tristan lassen kann, wird die Sache am Ende ruchbar und die Liebenden werden gemeinsam vom Hof verbannt. Nach zweitägiger Reise erreichen sie eine geheimnisvolle Minnegrotte, die Gottfried auf Mittelhochdeutsch »de minnenden hol« und auf Altfranzösisch »la fossiure de la gent amant« nennt. Die Szene gilt als erste weltliche Allegorie der deutschen Literatur, weshalb wir sie uns etwas genauer ansehen wollen.

Bisher spielt die Handlung an realen Orten im hohen Norden. Doch nun führt der Weg von Tristan und Isolde in eine Kunstwelt, die aus Symbolen und Zeichen besteht und mit Realität nichts mehr zu tun hat (v. 16.681-16.765). Zunächst ziehen sie durch Wald und Heide, ein Raum des Übergangs zwischen höfischer und unhöfischer Welt. Dann erreichen sie ein Bergmassiv und darin, fernab aller Zivilisation, einen parkartigen Ort: mit Bäumen, grünen Wiesen, bunten Blumen und einer erfrischenden Quelle. Der Erzähler klärt uns darüber auf, dass er in heidnischer Zeit den Riesen als Rückzugsort gedient habe, weshalb für Menschen eigentlich kein Weg hinein- und herausführt:

Aber umbe und umbe hin ze tal
dâ stuonden bume âne zal,
die dem berge mit ir blate
unt mit ir esten bâren shate.
Und einhalp was ein pleine
dâ vlôz eine fonteine,
ein vrischer küeler brunne,
durchlûter als diu sunne.
Dâ stuonden ouch drî linden ob,
schoene und ze lobelîchem lobe,
die schireten den brunnen
vor regene und vor sunnen.
Liehte bluomen, grüene gras,
mit den diu pleine erliuhtet was,
die criegeten vil suoze in ein.
(v.16.733-16.747)

Ringsherum den Berg hinab
standen zahllose Bäume,
die dem Berg mit ihrem Laub
und mit ihren Ästen Schatten spendeten.
Etwas abseits davon war eine Ebene,
da floß eine Quelle,
ein erfrischender kühler Brunnen,
hell wie die Sonne.
Da standen auch drei Linden,
schön und feierlich,
die die Quelle beschirmten
vor Regen und Sonne.
Leuchtende Blumen, grünes Gras,
durch die die Ebene erstrahlte,
wetteiferten lieblich miteinander.
(Ü: Rüdiger Kron)

Die beiden Liebenden haben den verschollenen »locus amoenus« wiedergefunden, einen literarischen Ort der Glückseligkeit, der aus der griechischen (Theokrit) über die römische (Vergil) in die mittelalterliche Literatur eingewandert ist. Gottfried bettet ihn in eine wilde Gebirgslandschaft ein, bei der er an den Schwarzwald gedacht haben mag. Schließlich gelten die Landschaften auf dem rechten Rheinufer seit der Römerzeit als Orte der Zivilisationsferne und dienen gleichzeitig als Projektionsfläche diverser Sehnsüchte und Ängste. Mit der von drei Linden beschatteten Quelle spielt Gottfried möglicherweise auf das antike Quellenheiligtum »Tri Bucha« (Zu den drei Buchen) an, das sich am Ort des alten Argentoratum befunden und dem Stamm der Triboker den Namen gegeben haben soll. So mischt er Versatzstücke aus der realen (links- und rechtsrheinischen) Welt mit solchen aus der Literatur zu einem faszinierenden, facettenreichen Rätselbild.

Als die Liebenden die Grotte betreten, erscheint sie ihnen nicht wie eine Höhle, sondern wie eine Kathedrale, mit schneeweißen Wänden und einem grünen Boden aus Marmor. Drei Fenster erhellen von oben das hoch aufragende Gewölbe: »sinewel, wît, hôch und ûfrecht« (rund, weit, hoch und steil). Gleich zweimal findet sich diese Formel wortgleich in Gottfrieds Text (v. 16.705, 16.929), was ihre Bedeutung unterstreicht. Offenkundig hatte er ein bestimmtes Bild vor Augen, auch wenn er es verfremdet. 1176 war das Straßburger Wernher-Münster abgebrannt, der Wiederaufbau erfolgte ab 1190 im neuen Stil der Gotik. Der erste Spitzbogen entstand im nördlichen Querhaus und inspirierte Gottfried offenbar zu dieser Beschreibung.

Abgesehen davon erinnert die Liebesgrotte in keinster Weise an eine Kirche, im Gegenteil. An Stelle eines Altars findet sich ein Bett »ûz cristallînem steine« (v. 16.718). Geheimnisvolle Inschriften verweisen auf die Göttin »Minne«, der der Ort geweiht ist (v. 16.723). Das lassen sich die beiden Verliebten nicht zweimal sagen. Sie machen es sich in der Höhle bequem und verbringen die meiste Zeit im Kristallbett. Liebenden genüge als Nahrung die Liebe selbst, erläutert der Erzähler dazu, und beruft sich auf eigene Erfahrungen. Doch am Ende werden die beiden entdeckt und kehren an Markes Hof zurück. Da sie weiterhin nicht gewillt sind, ihr Liebesleben den höfischen und kirchlichen Regeln anzupassen, wird Tristan erneut verbannt und geht nach Frankreich. Die Liebe zu einer dritten Isolde wird ihn dort emotional verwirren, doch an diesem Punkt bricht der Text plötzlich ab.

Eine mögliche Erklärung dafür ist der Straßburger Inquisitionsprozess von 1212, bei dem 80 Menschen der Häresie angeklagt und zum Tode verurteilt wurden. Hintergrund war die europaweite Verfolgung von Katharern (das Wort »Ketzer« geht auf sie zurück), einer vor allem in Südwestfrankreich verbreiteten Sekte. Seit 1209 führte der Papst gegen sie einen blutigen Vernichtungskrieg, das Land der Troubadoure, einst Wiege der höfischen Kultur und der hohen Liebeskunst, wurde zum Schlachthaus. Drei Jahre später wurde die Inquisition durch das vierte Laterankonzil auch offiziell eingeführt. Zwar ist die von Gottfried im »Tristan« verkündete, sinnliche Liebesreligion weit von der Körperfeindlichkeit der Katharer entfernt, doch im Umfeld einer Hexenjagd gegen Häretiker könnte sein doch recht unorthodoxer Text für ihn lebensgefährlich geworden sein. Jedenfalls endet mit der Massenhinrichtung in Straßburg auch Gottfrieds dichterische Arbeit.

Von der Minne zur Mahrte

Auch in späthöfischer Zeit blieb der staufische Minnesang als Vorbild lebendig. Noch um 1300 besangen Ritter wie Konrad von Hohenburg in den Vogesen oder Bruno von Hornberg im Schwarzwald ihre fernen und unerreichbaren Geliebten im Stil der Hohen Minne. Doch in ihre Weisen mischte sich ein melancholischer Grundton: die Klage über eine verlorene Welt, die der staufischen Klassik. Andere gingen bereits neue Wege, darunter **Egenolf von Staufenberg**. Als Straßburger Patrizier und Burgherr von Staufenberg war er auf beiden Rheinufern heimisch, die drei Fähren nach Kehl dürften ihm vertraut gewesen sein. Zwei legten an der Kehler Zollburg an, deren Gewölbekeller noch erhalten ist[28]. Ich stelle mir vor, wie Egenolf hier auf seine Fähre wartete und zugleich an seiner Dichtung »Peter von Staufenberg« arbeitete. In ihren 1.174 Versen erzählt er von den Liebesabenteuern seines mythischen Vorfahren Peter Diemringer:

Uns seit die aventüre daz	Eine abenteuerliche Erzählung,
als ich hievor geschriben las	die ich glaubhaft aufgezeichnet fand,
von einem werden ritter her	berichtet uns von einem edlen Ritter

hiez Petermann der diemringer	namens Herr Peter Diemringer,
und was ein degen uzerkorn.	ein Vorbild seines Standes.
von Stoufenberg waz er geborn	Er wurde auf Burg Staufenberg geboren,
daz lit in Mortenouwe	die in der Ortenau liegt.
(Schröder:1913, S.110, v. 47-53)	(Ü: SW)

An einem Pfingstmorgen reitet Diemringer mit seinem Knecht von Staufenberg zur Messe in das Kirchdorf Nussbach. Auf dem Weg dorthin begegnet er einer Frau von großer Schönheit, die seit seiner Kindheit wie ein Schutzengel über ihn wacht. Auf sein Drängen hin, willigt sie in eine Liebesbeziehung ein und verspricht ihm sogar ewige Jugend. Wann immer er an sie denke, werde sie erscheinen und ihm zu Willen sein:

uns seit die aventüre daz,	Dem Bericht zufolge hatte Gott
daz got in diser welte hie	in dieser Welt keine Schönere
kein schöner wip nie werden lie	geschaffen als diese hier.
von fleische noch von beine	Von Wuchs und Gestalt war ihre
als die vil zarte reine	ganze Erscheinung sehr edel.
(Schröder:1913, S.116, v. 210-214)	(Ü: SW)

Doch die geheimnisvolle Dame ist keine bloße Männerphantasie, denn sie besteht auf ihrer persönlichen Freiheit und setzt selbst die Regeln fest. Erstens dürfe Diemringer sie keinem anderen Mann zeigen und zweitens keine andere Frau heiraten, sonst werde er binnen dreier Tage sterben. Der Ritter schwört, diese Bedingungen und das Freiheitsbedürfnis seiner Geliebten zu respektieren, wofür er reich belohnt wird:

»mein liep, daz laz besorgen mich.	»Mein Schatz, sorge dich nicht um mich.
swa daz ich wil do bin ich:	Ich gehe, wohin ich will.
den wunsch den hat mir got gegeben.	Die Sehnsucht kommt von Gott
davon han ich ein friez leben«	und sichert mir ein freies Leben.«
(Schröder:1913, S.126, v.496-499)	

swaz zuo der minne hoeren mag,
wan grözer liebe nie gepflag
uf erden weder man noch wip.
ietwederz hat des andern lip
mit armen umbeslossen.
sü warent unverdrossen:
swaz zuo der minne hören sol,
daz kundent sü getriben wol
(Schröder:1913, S.128f., v. 565-572)

Zu ihrer Liebe ist zu sagen:
zwischen Mann und Frau gab es
auf Erden keine größere als diese.
Beide umschlossen den jeweils anderen
Körper mit ihren Armen.
Sie waren unersättlich.
Was zu einer erfüllten Liebe gehört,
das betrieben sie auch.
(Ü: SW)

Als der römisch-deutsche König Diemringer die Hand der Tochter seiner Base anbietet, enthüllt ihm dieser sein Geheimnis. Der königliche Kaplan redet dem Ritter daraufhin ein, er habe sich mit dem Teufel eingelassen und müsse in der Hölle schmoren, wenn er keine christliche Ehe schließe (v. 948f.: der tüvel in der helle / Ist üwer slafgeselle). Erschrocken willigt Diemringer ein und verstößt damit gegen seinen Eid. Doch beim Hochzeitsmahl auf Burg Staufenberg erscheint an der Decke des Festsaals plötzlich ein nacktes Frauenbein. Diemringer erkennt seine Geliebte, erschrickt zu Tode und verabschiedet sich von den Seinen. Drei Tage später stirbt er und seine junge Witwe geht ins Kloster:

der ritter der saz gegen der brut
do sach man stil und überlut
daz neizwaz durch die büne stiez:
eins menschen fuoz ez sehen liez
bloz in dem sal unz an die knie.
uf erden so wart schöner nie
noch minnencllicher fuoz gesehen:
daz muostent alle menschen jehen
der fuoz über den sal erschein
wizer denne ie helfenbein
(Schröder:1913, S.145, v. 1025-1034)

Als der Ritter bei der Braut saß,
sah man, wie erst leise, dann lautstark
etwas durch die Decke stieß.
Ein bis zum Knie nackter Menschenfuß
war im Saal zu sehen.
Auf Erden hatte man nie einen schöneren
und begehrenswerteren gesehen!
Das war für alle offensichtlich.
Der Fuß erschien über dem Saal,
weißer noch als Elfenbein.
(Ü: SW)

Was für ein Kontrast: Auf der einen Seite eine ungebundene Frau, die für die freie Liebe eintritt, auf der anderen eine jungfräuliche

Witwe, die die christliche Ehe und das Keuschheitsprinzip verkörpert. Beide Lebensentwürfe stehen im Text gleichberechtigt nebeneinander, dem inquisitorischen Urteil des Kaplans über ersteren schließt sich der Erzähler ausdrücklich nicht an. Ein ähnlich deutliches Bekenntnis zu einem freien Leben, noch dazu aus dem Mund einer Frau, findet sich nach meiner Kenntnis nirgends sonst in der mittelalterlichen Literatur. Gottfrieds »Tristan« mag als Vorbild gedient haben, auch dort geht es um eine uneheliche Liebesbeziehung zu einer Frau mit magischen Fähigkeiten, die mit dem Tod des Mannes endet. Doch Egenolfs Frauen sind moderner, lassen die höfische Minne hinter sich und gehen selbstbestimmt ihren (wenn auch sehr unterschiedlichen) Weg. Im einen Fall führt dies zur Verdammung durch die Kirche, was den späteren Hexenwahn erahnen lässt, im anderen zum Rückzug ins Kloster, worin sich die spirituelle Frauenbewegung des 14. Jahrhunderts ankündigt.

Noch in anderer Hinsicht schuf Egenolf mit seiner Versnovelle Neues: Er führt die »Mahrtenehe« (mhd. maere: Geschichte) in die Literatur ein, eine erotisch erfüllte, aber an Bedingungen geknüpfte Liebesbeziehung zwischen einem Menschen und einem überirdischen Wesen. Es ist der erste literarische Stoff, der im rechtsrheinischen Teil unserer Region wurzelt und von hier in die Weltliteratur eingeht. 1566 deutet Paracelsus in seinem »Buch von Nymphen, Sylphen, Pygmäen und Salamandern« (Liber de nymphis, sylphis, pygmaeis et salamandri) Egenolfs Zauberfrau als Wassernymphe und tauft sie »Undine«. 1588 veröffentlicht der Straßburger Stadtschreiber Johann Fischart eine Prosafassung der Sage, wobei er die magische Frauengestalt in ein teuflisches Wesen verwandelt.

Richtig populär wird der Stoff in der Romantik: 1806 schreibt Joachim von Arnim ein Gedicht über »Ritter Stauffenberg und die Meerfeye«, 1811 verfasst Friedrich de la Motte Fouqué das Kunstmärchen »Undine« und 1816 das Libretto zur gleichnamigen Zauberoper von E. T. A. Hoffmann. 1836 verlegt der dänische Nationaldichter Hans Christian Andersen die Handlung vom Rhein an die Ostsee und macht aus der Flussnixe eine »kleine Meerjungfrau«. Im 20. Jahrhundert inspirierte der Stoff Jean Giraudoux zu seinem Drama »Ondine« (1939) und Ingeborg Bachmann zu ihrer Erzählung »Undine geht« (1961). Die Spielfilme »Ondine« (2009) von Neil Jordan und »Undine« (2020) von Christian Petzold verlegen das mittelalterliche Liebesdrama in das Irland bzw. in das Berlin des 21. Jahrhunderts.

Mystik ohne Grenzen

1313/14 kam der Theologe **Eckhart von Hochheim** (ca. 1260-1328) als Generalvikar des Dominikanerklosters nach Straßburg. Schon seine Zeitgenossen nannten ihn respektvoll »Meister Eckhart«, heute gilt er als Hauptvertreter der rheinischen Mystik. Sein Werk verfasste er nicht nur auf Latein, sondern auch auf Mittelhochdeutsch. Schon während seines Straßburger Jahrzehnts (1314-24) gewann er beiderseits des Rheins zahlreiche Anhänger und noch mehr Anhängerinnen.

Zu letzteren zählten Heilke von Staufenberg und Gertrud von Rickeldey, besser bekannt unter ihrem Mädchennamen **Gertrud von Ortenberg** (ca. 1280-1335). Nach dem frühen Tod ihres deutlich älteren Gatten und dem ihrer vier Kinder schloss sie sich einer religiösen Laiengemeinschaft in Offenburg an. Dort lernte sie Heilke kennen, die ihrer Familie entflohen war, um ein selbstbestimmtes Leben führen zu können. In Offenburg kümmerte sich Heilke um Kranke und Waisenkinder, in Straßburg hörte sie die berühmtesten Prediger der Zeit, darunter auch Meister Eckhart. Ab 1304 stand Gertrud an ihrer Seite, 1317/18 zogen beide gemeinsam nach Straßburg.

Die beiden Frauen werden den Beginen zugerechnet, einer mystischen Bewegung, die sich von Flandern und Brabant über ganz Mitteleuropa ausbreitete. Allein in Straßburg gab es etwa 60 Beginenhäuser, misstrauisch beäugt von der Amtskirche. Denn diese Frauen waren schwer kontrollierbar. Sie nannten sich »Schwestern«, gehörten aber keinem Orden an. Ihr Gelübde ähnelte dem von Nonnen, galt aber nur für ein Jahr. Ihre Seelsorger wählten sie selbst, in Straßburg war dies **Johannes Tauler** (ca. 1300-1361). Der junge Dominikaner und Eckhart-Schüler entstammte einer angesehen Straßburger Familie und arbeitete seit seinem Studium als Seelsorger für geistlich lebende Frauen in seiner Heimatstadt. Ein Brief sowie ca. 80 erhaltene Predigten erlauben es, sein Denken zu rekonstruieren:

Wie der griechische Philosoph Plotin unterscheidet Tauler drei »Dinge«: den »äußeren« (Körper), den »inneren« (Geist) und den »obersten inneren Menschen« (Seele), den er als göttlich betrachtet. Gott ist demnach kein fernes Himmelswesen, sondern ein Teil des Menschen. Selbsterkenntnis ist folglich Gotteserkenntnis und der Weg dorthin führt nach innen. Ziel dieser »inkêr« (Reise nach innen) ist die mystische Verschmelzung des geschaffenen Seins mit dem ungeschaffenen und folglich göttlichen Nichts (»ungeschaffen nút«). Kirchliche Hierarchien spielen auf diesem Weg keine Rolle. Den mystischen Pfad können Menschen auch allein beschreiten, unabhängig von Geschlecht und sozialem Stand. Dass die Kirche dies so nicht stehen lassen konnte, versteht sich von selbst.

Ab 1317 sahen sich die Straßburger Beginen wachsenden Repressalien ausgesetzt. 1325 wurde ihr geistiger Vater Eckhart, der gerade von Straßburg nach Köln gezogen war, von Mitgliedern seines eigenen Ordens der Häresie beschuldigt. Das Erzbistum Köln leitete daraufhin ein Verfahren gegen ihn ein. Als Nikolaus von Straßburg, Generalvikar der Ordensprovinz Teutonia, ihn in Schutz nahm, wurde er wegen »Behinderung der Inquisition« ebenfalls angeklagt. 1326/27 kam es zum Prozess, doch er endete ergebnislos. Stattdessen wurde der Fall an das päpstliche Gericht in Avignon weitergereicht. Trotz seines fortgeschrittenen Alters musste Eckhart die Fußreise dorthin antreten und kehrte nicht lebend zurück. Ort und Umstände seines Todes sind bis heute ungeklärt. War es Zufall, dass im gleichen Jahr 1327 das Straßburger Beginenhaus, in dem Gertrud und Heilke lebten, in Flammen aufging? Jedenfalls gingen beide Frauen zurück nach Offenburg, wo Gertrud 1335 starb. Drei Jahre danach gab auch Tauler auf und zog in das liberalere Basel.

Als er viele Jahre später nach Straßburg zurückkehrte, war die Stadt nicht wiederzuerkennen. 1347-53 hatte in Europa die Pest gewütet, mindestens ein Drittel der europäischen Bevölkerung fiel ihr zum Opfer. Als die Epidemie 1348 den Oberrhein erreichte, wurden die Juden beschuldigt, Brunnen vergiftet zu haben. In Basel, Freiburg und Colmar kam es zu Pogromen, bei denen die jüdischen Gemeinden ausgelöscht wurden. In Straßburg, wo auch aus Frankreich geflohene jüdische Familien lebten, wurden die Gemeindemitglieder am Valentinstag 1349 überraschend festgenommen und nahezu 2.000 von ihnen bei lebendigem Leib verbrannt (sog. »Judenbrand«). Erst mit der Französischen Revolution entstand wieder dauerhaft eine neue Gemeinde.

Auch andere Gruppierungen, die nicht »auf Linie« waren, hatten es zunehmend schwer. Ab 1354 nahmen die Verfolgungen der Beginen wieder zu. Es ist wohl kein Zufall, dass just zu dieser Zeit im Straßburger Kloster St. Nikolaus in undis eine Gnadenvita der Begine Gertrud von Ortenberg verfasst wurde. Das Kloster war früher von Tauler seelsorgerisch betreut worden, jetzt verbrachte er hier seinen Lebensabend. Die anonyme Autorin des Textes scheint Gertruds Freundin Heilke von Staufenberg persönlich gekannt zu haben, jedenfalls tritt sie im Text als Gesprächspartnerin und Informantin in Erscheinung. Dialogisch wird den Leserinnen und Lesern viel über das Alltagsleben von Beginen in Straßburg und Offenburg mitgeteilt. Die Entdeckung des lange verschollenen Textes in der Königlichen Bibliothek von Brüssel und seine Veröffentlichung (1990) war daher eine kleine Sensation. Heute gilt er als bedeutendes Dokument der mittelalterlichen Frauenmystik und ist, nicht zuletzt für die Frauenforschung, von großem Wert.

Auch eine andere Handschrift aus der Bibliothek des Klosters St. Nicolaus in undis ist für uns von Interesse. Sie stammt aus dem frühen 15. Jahrhundert und enthält die älteste Textfassung des Kirchenliedes »Es kommt ein Schiff geladen«. Die ersten drei Strophen werden Tauler zugeschrieben, jedenfalls stellen sie eine Zusammenfassung seiner Theologie dar. Bei der Schilderung des beladenen Schiffes mag der Verfasser einen Frachtkahn auf dem Rhein vor Augen gehabt haben, der als Bild für die mystische »Überfahrt« des Gottessohnes zu den Menschen dient. Heute wird meist die neuhochdeutsche Fassung des Wahl-Straßburgers Daniel Sudermann (1550-1631) aus dem Jahr 1626 gesungen[29]. Beide Fassungen habe ich hier nebeneinander gestellt:

Das schif komt uns geladen	Es kommt ein Schiff geladen,
got vater hatz gesant,	Bis an sein' höchsten Bord
ez bringt uns grozen staden,	Trägt Gottes Sohn voll Gnaden
Jesum unsern heilant.	Des Vaters ewig's Wort.
Uns komt ein schif gevaren	Das Schiff geht still im Triebe
ez bringt ein schoenen last,	Es trägt ein' teure Last;
dar uf vil engel scharen,	Das Segel ist die Liebe
und hat ein grozen mast.	Der Heilig' Geist der Mast.
Das schif komt uns geflossen,	Der Anker haft' auf Erden,
daz schiflein get an lant,	Hier geht das Schiff an Land.
hat himel ufgeschlossen,	Das Wort tut Fleisch uns werden
den sun heruz gesant.	Der Sohn ist uns gesandt.
(Holderith:1978, S.17)	

An der Stelle des Klosters steht heute die Straßburger Kunsthochschule (Ecole supérieure des arts décoratifs). Die Kirche des Dominikanerkonvents, dem Tauler einst angehörte und in der er begraben wurde, fiel dem preußischen Bombardement von 1870 zum Opfer. Nur seine Grabplatte hat überlebt und kann in der am gleichen Ort errichteten Neukirche (Temple Neuf) besichtigt werden.

Rückschau und Aufbruch

Bereits seit 1333 waren Straßburg, das 1352 reichsunmittelbar wurde, und Kehl durch eine Schiffbrücke miteinander verbunden. Nachdem Jeringheim 1358 im Rhein versunken war, stieg Kehl zum Hauptort am rechten Rheinufer auf. Als 1388 eine erste feste Holzbrücke errichtet wurde, rückten beide Orte noch enger zusammen. Neben Händlern dürfte auch viel fahrendes Volk diese über drei Rheininseln führende »Lange Bruck« überquert haben. Zu letzteren gehörten die »Spielleute« (Sänger, Dichter, Schauspieler und Musikanten), die bei Festen an Höfen, in Städten und Dörfern auftraten. In Frankreich wurden sie »menestrel«, genannt, am Oberrhein »Pfiffer«.

Zu dieser Gruppe gehörte auch **Meister Altswert**, ein Minnesänger aus der zweiten Hälfte des 14. Jahrhunderts. Vier allegorische Minnereden sind von ihm überliefert, d. h. sie wurden nicht gesungen, sondern gesprochen. In seiner Rede »Das alte Schwert« findet sich der Schlüssel zu seinem (allegorischen) Namen: Alte Schwerter und ältere Liebhaber seien eben die besten, heißt es dort augenzwinkernd. In den Reden »Der Kittel« und »Der Tugenden Schatz« (in beiden reist der Ich-Erzähler zu »Frau Venus«) bekennt er sich als Elsässer, doch seine genaue Heimat ist ebenso unbekannt wie sein sozialer Stand. Mal schlüpft er in die Rolle eines höfischen Liebhabers, mal in die eines bürgerlichen Kaufmanns. Dem Gestus und der Sprache nach orientiert sich Altswert an der staufischen Klassik, obwohl deren Anfänge bereits zwei Jahrhunderte zurückliegen. Sein Deutsch dürfte seinen Zeitgenossen bereits recht altertümlich erschienen sein:

Der sumer ist gescheiden hin
Daz ist der vogel ungewin,
Ein ieglich herz sol sin truren,
Der winter wil vermuren
Die süezen wind und die edele luft
mit nebels rouch, mit rifen tuft;
Wenn dan die boum risent
Und berg und tal grisent,
Daz tuot die vögelin strichen
Und heide ud ouwe blichen
Die vogel lazen den ir kosen,
Bluomen, gras, cle und die rosen
Die beginnen alle valwen,
Von frost muoz die heide kalwen …
(Holderith: 1978, S.18)

Der Sommer ist vergangen,
das ist der Vögel Unglück.
Alle Herzen sollen trauern.
Der Winter will die sanften Winde
und reinen Lüfte vermauern
mit Nebeldunst und Raureif.
Wenn die Bäume ihr Laub verlieren
und Berg und Tal ergrauen
vertreibt dies die Vögel.
Heide und Aue erbleichen,
die Vögel beenden ihr Liebesspiel,
Blumen, Gras, Klee und Rosen
verlieren alle ihre Farben.
Vom Frost wird die Heide kahl …
(Ü: SW)

Auch in der ersten Hälfte des 15. Jahrhunderts war das Echo der staufischen Klassik noch nicht ganz verklungen. 1427 eröffnete **Diebold Lauber** in Hagenau eine Bücherwerkstatt, in der religiöse und weltliche Titel kopiert wurden, darunter auch solche aus der

Stauferzeit (Nibelungenlied, Tristan). Während sein Programm sich noch teilweise am mittelalterlichen Kanon orientierte, gehörte sein Betrieb bereits einer neuen Zeit an. Bis zu 30 Schreiber und Illustratoren arbeiteten in seiner Manufaktur an großteils bebilderten Manuskripten, teils für Auftraggeber, teils auf Vorrat. Damit begründete Lauber das moderne Verlagswesen, doch sein Erfolg barg ein Dilemma. Um die wachsende Nachfrage zu bedienen, musste er entweder seine Mitarbeiter zu schnellerer Arbeit anhalten, was auf Kosten der Qualität ging, oder er musste mehr einstellen, was seine Produkte verteuerte. Die Lösung kam aus Straßburg und war so radikal, dass Lauber sich zeitlebens weigerte, sie anzuwenden.

1434 tauchte dort im Umfeld der Abtei St. Arbogast der junge Goldschmied **Johannes Gensfleisch** (ca. 1400-1468) auf, wir kennen ihn unter dem Namen seines Mainzer Stammhauses »Zum Gutenberg«. Zusammen mit seinem Lehrling Andreas Dritzehn arbeitete er an einer Erfindung, mit der Schreiber durch Druckmaschinen ersetzt werden konnten. Damit veränderte er auch das literarische Leben grundlegend. An die Stelle alter »maeren« traten tagesaktuelle Themen, rasch gedruckte Pamphlete und Flugschriften erschienen als neue Gattungen. Ein neues Kapitel wurde aufgeschlagen.

Zeittafel

ca. 1180	Reinmar v. Hagenau, Heinrich v. Glîchezaere, Herrad v. Landsberg
1205-10	Gottfrids »Tristan«
1212	Straßburger Ketzerprozess
ca. 1300	Konrad v. Hohenburg, Bruno v. Hornberg, Egenolf v. Staufenberg
1313-27	Straßburger Mystik: Eckhart, Tauler, Gertrud v. Ortenberg
1349	Judenpogrom / Pest-Epidemie in Straßburg
nach 1350	Gnadenvita der Gertrud v. Ortenberg
ab 1388	Feste Rheinbrücke Kehl-Straßburg / Meister Altswert
1427	Diebold Lauber begründet ersten Verlag in Hagenau
1434-44	Johannes Gutenberg arbeitet in Straßburg an Erfindung des Buchdrucks

KAPITEL 4

Narren, Hexen, Humanisten

Das Zeitalter der Renaissance

1450 bis 1600

Begrenzter Humanismus

Die Zeit des 15. und 16. Jahrhundert wird als Epoche der Renaissance (Jules Michelet) bzw. des Humanismus (Friedrich Immanuel Niethammer) bezeichnet. Der erste Begriff suggeriert eine vermeintliche Wiedergeburt (besser: Wiederaneignung) der klassischen Antike, der zweite unterstreicht das ständeübergreifende und damit alle Menschen betreffende Bildungsideal jener Zeit. Doch wie wir sehen werden, lagen Geburt und Zerstörung, Humanität und Bestialität damals eng beieinander.

Am Giebel des Kehler Rathauses zeigen verschiedene Wappen, wer damals rechts des Rheins das Sagen hatte. Ab 1491 teilten sich das Haus Baden, die Grafen von Mörs-Saarwerden (ab 1507 Grafen von Nassau) und die Straßburger Münsterbauhütte (Unser Fron Werc) die Herrschaft über Kehl. Damit blieb der Ort ein Codominium, das durch die Rheinbrücke eng mit der Stadtrepublik Straßburg verbunden war[30]. Seit Gutenberg hatte sich diese zu einem Druckerzentrum von überregionaler Bedeutung entwickelt. 1458 hatte der aus der Humanisten-Hochburg Schlettstadt (Selestat) stammende Johannes Mentelin eine Druckerei eröffnet (7/9 Rue de l'Epine), 1482 folgte der Schwabe Hans Grüninger (Rue de l'Outre). Hier entstanden zwei berühmte, vorreformatorische Bibelübersetzungen (sog. Inkunabeln): die Mentelin-Bibel von 1466 und die Grüninger-Bibel von 1497[31].

Auch die Exegese der Bibel in deutscher Sprache nahm ihren Anfang in Straßburg. Nach ersten Ansätzen in der Karolingerzeit und im Spätmittelalter unternahm **Geiler von Kaysersberg** (1445-1510) im 15. Jahrhundert einen neuen Anlauf. Er kam als Sohn eines Notariatsgehilfen in Schaffhausen zur Welt und wuchs im oberelsässischen Kaysersberg auf. Nach seinem Studium in Freiburg und Basel war er als Rektor der Universität Freiburg und als Domprediger in Würzburg tätig. Von 1478 bis zu seinem Tod lebte er in Straßburg, wo er zunächst an der Lorenzkirche und ab 1486 am Münster predigte.

Geilers Predigten erregten viel Aufsehen, denn statt einen lateinischen Text abzulesen, sprach er frei auf Deutsch bzw. Alemannisch. Seine Sujets bezog er nicht nur aus der Bibel, sondern auch aus aktuellen »Bestsellern«: Heinrich Kramers »Hexenhammer« und Sebastian Brants »Narrenschiff«. Beide Autoren waren Elsässer, beide glaubten an ein baldiges Ende der Welt und beide erreichten dank des neuen Buchdrucks ein großes Publikum. Doch ansonsten markieren die beiden Bücher zwei radikal entgegengesetzte Pole der Zeit:

Wie Mentelin stammt **Heinrich Kramer** (1430-1505) aus Schlettstadt (Selestat), sein Gelehrtenname war Henricus Institoris. Nach seinem Theologiestudium und diversen Affären[32] trat er in den Diözesen Straßburg, Basel und Konstanz als Inquisitor auf. Am Oberrhein, einst Wiege der Hohen Minne, waren Hexenprozesse noch selten, doch das sollte sich nun ändern. Kramer löste eine Verfolgungswelle aus, die auch die Gegend um Kehl und Straßburg nicht aussparte. Als der Bischof von Innsbruck eines seiner Urteile aufhob, verfasste der tief gekränkte Kramer binnen weniger Wochen ein hastig zusammengeschriebenes Pamphlet in lateinischer Sprache, das erstmals 1486 unter dem Titel »Malleus Maleficarum« (wörtlich: Hammer der Übeltäterinnen) veröffentlicht wurde[33].

Durch zahlreiche Nachdrucke und die Universalität des Lateinischen fand der Text rasch in ganz Europa Verbreitung und konnte seine unheilvolle Wirkung als Lehrbuch zur Hexenverfolgung entfalten. Kramer stellt darin seine Tätigkeit als Inquisitor geschönt und in vielen Punkten nachweislich falsch dar. Vor allem aber lässt er seinem Hass gegen Juden und Frauen freien Lauf. Geradezu besessen zeigt er sich von allem Sexuellen, denn detaillierte Schilderungen des Geschlechtsaktes zwischen Menschen und Dämonen nehmen fast ein Drittel des Textes ein.

Wie anders erscheint dagegen das Buch **Sebastian Brants** (1457-1521). Der gebürtige Straßburger wuchs in der heutigen »Rue d'Or« auf, eine Gedenktafel am Haus Nr. 16 erinnert daran. Nach seinem Jura-Studium in Basel war er dort als Professor tätig, gründete eine vielköpfige Familie und veröffentlichte zahlreiche Bücher: rechtswissenschaftliche auf Lateinisch und literarische auf Deutsch. Von 1500 bis zu seinem Tod lebte Brant wieder in Straßburg (18 Quai Saint-Nicolas), wo er als Stadtschreiber und Kanzler zum obersten Verwaltungsbeamten der Freien Reichsstadt aufstieg. Daneben förderte er junge Autoren und gründete mit Geiler von Kaysersberg eine literarische Gesellschaft. Sein Grabstein wurde nach 1870 in der Thomaskirche aufgestellt.

Seit 1904 erinnert im Parterre des Straßburger Restaurants »Maison Kammerzell« ein Fresko Leo Schnugs (1878-1933) an Brants berühmtestes Werk »Das Narren Schyff«. Es wurde 1494 bei Bergmann in Basel und im gleichen Jahr (in einer erweiterten Fassung) bei Grüninger in Straßburg gedruckt. Dank zahlreicher Nachdrucke und Übersetzungen wurde es rasch zum populärsten Buch seiner Zeit und begründete ein neues Genre: die Narrenliteratur. In 112 Kapiteln schildert Brant darin die Schiffsreise von ebenso vielen Narren ins fiktive Land Narragonien, wobei jeder selbst zu Wort kommt und durch die eigenen Worte bloßgestellt wird. Am Ende steht keine Verurteilung, sondern ein befreiendes Lachen. Keine Bevölkerungsgruppe wird ausgespart, selbst kirchlichen Autoritäten hält Brant den satirischen Spiegel vor. Dem Narrentanz voran geht im ersten Kapitel »Unnütze bücher« der Büchernarr, womit Brant den eigenen Gelehrtenstand verspottet. Auch die Fähigkeit zur Selbstironie unterscheidet ihn von Kramer. Hier die entsprechende Passage aus der Straßburger Ausgabe:

Das ich sitz vornan in dem schiff	Dass ich im Schiff vorne sitze,
das hatt worlich ein sundern griff	ist wahrlich besonders gewitzt.

On vrsach ist es nit getan	Grundlos ist es nicht geschehen,
vff min libry ich mich verlan	denn ich vertraue meinen Büchern.
Von büchern hab ich grossen hort	Ich habe davon eine große Sammlung,
verstand doch drinn gar wenig wort	auch wenn ich nur wenig davon verstehe.
Vnd halt sy dannaht in den eren	Ich halte sie so hoch in Ehren,
das ich in will der fliegen weren /	dass ihnen keine Fliege etwas antut.
Do mit loß ich benyegen mich	Ich begnüge mich damit,
das ich vil bücher vor mir sich	dass ich viele Bücher um mich sehe.

(www.narragonien-digital.de/exist/textkorpus/gw5048.html; Ü: SW)

Die Wimpfeling-Murner-Fehde

Zu der von Brant begründeten literarischen Gesellschaft gehörte auch **Jakob Wimpfeling** (1450-1528). Wie Mentelin und Kramer stammte er aus Schlettstadt (Selestat), wo er die berühmte Lateinschule besuchte. Wie Geiler von Kaysersberg studierte er (unter anderem) in Freiburg Theologie, später (wie Sebastian Brant) auch noch Jura. Nach langjähriger Tätigkeit als Professor, Dekan und Rektor an der Artistenfakultät von Heidelberg ließ er sich 1501 als freier Schriftsteller in Straßburg nieder. Im gleichen Jahr erschien seine lateinische Schrift »Germania«, von der er oder einer seiner Schüler die deutsche (erst 1648 gedruckte) Fassung »Tutschland« anfertigte. Offenbar wollte Wimpfeling nicht nur die europäische Gelehrtenwelt, sondern auch das deutschsprachige Bürgertum erreichen.

Wimpfelings Schrift enthält politische Ratschläge für den Straßburger Stadtrat, doch für Aufsehen sorgten vor allem seine Ausführungen zur deutschen und elsässischen Geschichte. Für Wimpfeling hat das Heilige Römische Reich, zu dem auch Straßburg und Kehl gehörten, zwei Wurzeln: das römische Reich der Antike und das alte Germanien. Von der Gleichwertigkeit beider Kulturen war schon Tacitus ausgegangen, auf dessen 1477 wiederentdeckte Schrift

»Germania« Wimpfeling offenkundig anspielt. Von Tacitus übernimmt er auch die Vorstellung, die Bevölkerung des linken Rheinufers sei germanisch geprägt. Einerseits wollte Wimpfeling damit wohl die zeitlose Gültigkeit seiner Vorlage belegen, andererseits die Einheit der Länder am Oberrhein beschwören, denn die Diskussion um die Rheingrenze war damals neu entflammt[34].

In **Thomas Murner** (1475-1537) fand Wimpfeling einen geistreichen und streitlustigen Gegenspieler. Er entstammte einer angesehenen Familie aus Oberehnheim (Obernai) und trat, da er wegen einer leichten Behinderung kein Handwerk erlernen konnte, als Jugendlicher dem Franziskanerorden bei. Sein Lebensweg führte ihn durch Polen, Böhmen, Österreich und die Schweiz, doch ein Drittel seines Lebens verbrachte er in Straßburg: als Schüler des dortigen Franziskanerklosters (1481-94), später als dessen Prediger (1501-05) und schließlich als dessen Rektor (1520-25). Während seines zweiten Straßburg-Aufenthalts veröffentlichte er die »Germania Nova« (1502), in der er Wimpfelings Schrift parodiert und einige ihrer Fehler offen legt. Wimpfeling reagierte gereizt, ließ den Vertrieb der Schrift durch den Rat der Stadt verbieten und forderte seine Anhänger zum Gegenangriff auf. Es folgte eine hitzige Gelehrten-Fehde, auf die Murners Spottname »Murnar« (Murr-Narr) zurückgeht.

Um das Geschehen richtig einzuordnen, müssen wir das humanistische Geschichtsbild verstehen. Weder Wimpfeling noch Murner sprechen von »Francia« (Frankreich) und »Teutonia« (Deutschland), sondern von »Gallia« und »Germania«. Nicht die Gegenwart, sondern die Römerzeit ist ihre Bezugsfolie. Dass sie in Renaissance-Manier antiken Aussagen zeitlose Gültigkeit zubilligen und diese auf die Jetztzeit übertragen, ist für sie in erster Linie eine philologische Angelegenheit. Nicht um geopolitische Fakten geht es (res), sondern um das gelehrte Spiel mit literarischen Zitaten (verba). So lehnt Murner die Idee eines »germanischen« Elsass vor allem deshalb ab, weil Wimpfeling sie mit den von ihm angeführten Texten nicht sauber belegen kann. Sein Bekenntnis zu einem »gallischen« Elsass dagegen ist Ausdruck seines Respekts vor der römischen Literatur, in der die Idee der Rheingrenze eine zentrale Rolle spielt.

Auch die Zeitgenossen scheinen dies so verstanden zu haben, sonst hätte der römisch-deutsche König Maximilian I. Murner 1505 wohl kaum zum Dichter gekrönt. Dennoch steht die Wimpfeling-Murner-Fehde am Anfang eines langen Streits um das deutsche bzw. französische »Wesen« des Elsass.

Entgrenzte Reformation

1520 kehrte Murner ein drittes Mal nach Straßburg zurück. Er verfügte mittlerweile über einen doppelten Doktortitel in Theologie und in Jura, war ein angesehener Professor und Autor. Sein vielseitiges Werk umfasste gelehrte und didaktische Schriften in lateinischer sowie Übersetzungen und Satiren in deutscher Sprache. Doch er fand eine veränderte Stadt vor. Geiler und Wimpfeling waren gestorben, seit 1518 verbreiteten Prediger Luthers Lehre und spalteten damit die Stadt in zwei Lager: ein katholisches und ein evangelisches.

Erneut mischte sich Murner ein, ergriff Partei gegen den Stadtrat und für die bereits geschwächte katholische Partei. Bei Grüninger, dem letzten katholischen Drucker der Stadt, ließ er anti-reformatorische Flugschriften und Aushänge drucken, die er wohl selbst verteilte. Am bekanntesten wurde sein satirisches Gedicht »Von dem großen Lutherischen Narren wie in doctor Murner beschworen hat« (1522). Mit seinen 4.800 Versen und zahlreichen Illustrationen zählt es zu den geistreichsten Satiren auf den Protestantismus. Murner schlüpft darin in die ihm angedichtete Rolle eines »Murnar«, der jedoch kein Narr, sondern ein Zauberer mit Katzenkopf ist. Dieser beschwört einen aufgeblasenen Popanz, der die Anhänger der lutherischen Lehre symbolisiert. Am Ende erscheint Martin Luther persönlich, der nach einem längeren Streitgespräch mit Murner im »scheißhuß« ein unwürdiges Ende findet. Natürlich wurde auch dieser Text in Straßburg umgehend beschlagnahmt.

Als die Stadt 1524 ganz ins lutherische Lager wechselte, spitzte sich die Lage zu. Im Herbst wurde Murners Wohnung überfallen und seine Privatdruckerei zerstört. Im Folgejahr wurde auch in Kehl die Reformation eingeführt, während das Umland (vorerst) katholisch blieb[35]. Für andere Glaubensrichtungen war dagegen kein Platz mehr. Das Täufer-Ehepaar Margarete und Michael Sattler, das nach Straßburg geflohen war, wurde 1527 ausgewiesen und kurz darauf in Rottenburg hingerichtet. Der Täufer Melchior Hofmann blieb bis an sein Lebensende in Straßburg eingekerkert[36].

Zur konfessionellen Spaltung kamen soziale Konflikte, die sich zum Bürgerkrieg auswuchsen. Mit Unterstützung vieler Städte und Teilen des niederen Adels erhoben sich 1525 die Bauern gegen die Herrschaft von Adel und Kirche. Noch bevor der Aufstand blutig erstickt wurde, floh Murner in die Schweiz und kehrte erst 1532 in seine Geburtsstadt Oberehnheim zurück. Bis zu seinem Tod war er dort als Gemeindepfarrer tätig, doch Straßburg dürfte er nie wieder betreten haben. Dabei hätte er dort erleben können, wie seine Vision eines »gallischen« Elsass auf friedliche Weise an Boden gewann:

Bereits 1525/26 hatte sich der französische Humanist **Jacques Lefevre d'Etaples** (Jacobus Faber Stapulensis: ca. 1450-1536) in Straßburg aufgehalten und dort an der ersten französischen Bibelübersetzung gearbeitet (1523-30). 1538-41 lebte der französische Reformator **Jean Calvin** (1509-64) in Straßburg und begründete hier die erste französischsprachige Gemeinde der Region[37]. Daneben verfasste er theologische Schriften und den ersten Teil des »Hugenotten-Psalters«. Dieser begründete die calvinistische Literaturgattung schlechthin: die Psalmen-Dichtung.

Doch auch Wimpfelings Erbe lebte weiter. Zu seinen Lebzeiten hatte er für ein humanistisches Gymnasiums in Straßburg gekämpft (zum Ärger der Franziskaner, die darin eine Konkurrenz zu ihrer Klosterschule sahen). Zehn Jahre nach seinem Tod zog in die Räume des aufgelösten Dominikanerklosters die »Schola Argentoratensis« (Straßburger Hohe Schule) ein. Ihr Rektor war der angesehene Pädagoge **Johannes Sturm** (1507-89), nach dem die Schule noch heute benannt ist. Sie war Keimzelle der späteren Universität und stand Schülern von beiden Seiten des Rheins offen, soweit sie männlich, begabt und protestantisch waren. So gelang es der Stadt, ihren Ruf als Humanisten-Hochburg über die Reformation hinaus zu wahren.

Der Rhein der Geografen

Sebastian Münster (1488-1552) war ein Universalgelehrter, der in jungen Jahren den Franziskanern beigetreten war, später aber zum Protestantismus konvertierte. Neben Lehrtätigkeiten an den Universitäten von Heidelberg und Basel arbeitete er über zwanzig Jahre lang an der »Cosmographiae Universalis«, einer Beschreibung der damals bekannten Welt in neun Bänden. 120 Gelehrte wirkten laut Münster daran mit. Die lateinische Erstausgabe erschien 1544-48 in Basel und entwickelte sich rasch zu einem Standardwerk, das in fast alle europäischen Sprachen übersetzt wurde. Die deutsche Ausgabe »Cosmographia oder Beschreibung der gantzen Welt durch Sebastianum Münsterum« war um 1600 das meistgelesene Buch nach der Bibel. Erst ein Jahrhundert später wurde es durch Matthäus Merians »Topographia Germaniae« (1643) abgelöst.

Zwar ist die Kosmographie kein literarisches Werk, aber als Versuch, die Länder am Rhein und damit auch den Raum Kehl-Straßburg sprachlich abzubilden, gehört sie dennoch in unsere Übersicht. Ein erster Hinweis auf diese Gegend findet sich im dritten Band »Von Gallia«. Einst sei der Rhein Galliens Grenze gewesen, liest man dort, doch mittlerweile seien beide Ufer »Teutschland« zuzurechnen (Münster:1628, S. 145). Münster versteht darunter nicht nur den deutschsprachigen Teil des Heiligen Römischen Reiches, sondern auch die Schweiz (inkl. ihres französischsprachigen Teils), die Niederlande und das Königreich Dänemark.

Im fünften Band »Von Teutschlandt« werden die Länder am Rhein ausführlicher beschrieben, allerdings in zwei getrennten Abschnitten: zunächst die auf der linken und dann die auf der rechten Seite des Stroms. Als politische Grenze hat der Rhein zwar ausgedient, nicht aber als Kapitelgrenze. Im Abschnitt »Von dem Elsaß / und seiner grossen Fruchtbarkeit / dem kein Land am Rheinstrom mag verglichen werden« begründet Münster den Reichtum dieser Region mit der Offenheit der Grenzen und der Vielfalt seiner Menschen:

Das Land Elsaß stoßt gegen Orient an den Rhein / aber in Occident endet es sich an das groß Gebürg V o s a g u m, das ob Thann anfahet / und gehet herab biß Weissenburg […]. man findt nicht nur einerley / sondern mancherley Volck in disem Land. Auß Schwaben / Beyern / Burgund un Lothringen lauffen sie dahin / und komen selten wider darauß: der Schwaben werden am meisten da gefunden. Man laßt jederman darin sitzen der das Erdtrich will helffen bawen. (Münster:1628, S.807)

»Nicht einerlei, sondern mancherlei Volk«: Erstmals begegnet uns das Elsass hier als zweisprachige Region, wobei Schwaben und Bayern für deutschsprachige, Burgunder und Lothringer für französischsprachige Zuwanderer stehen. Beide tragen laut Münster zum Wohlstand der Region bei und erscheinen völlig gleichberechtigt. Das ist umso erstaunlicher, als Münster sonst alles streng hierarchisiert, selbst Städte und Landschaften. So nennt er die Ill den »vornehmsten« Fluss der Region, wohl wegen seiner Verbindung zum »großen und mächtigen« Straßburg. Diese Stadtrepublik sei sogar die bedeutendste des Reichs:

… wird die erste gezehlt under den Freystätten. Alle ding werden uberflüssig in der Statt gefunden / besonder Wein und Korn: dan sie ligt in einem edlen Land […]. In diser Statt wirdt ein Werck gefundt / deßgleichen man nicht findt in dem gantzen Teutschen Landt / oder auch in beyden Welschen Ländern / das ist der wunderhübsch und hoch Thurn … (Münster:1628, S. 833)

Münsters Beschreibung des rechten Rheinufers fällt anders aus. Kehl erwähnt er mit keiner Silbe, Offenburg widmet er nur ein paar Zeilen. Er verweist dabei auf den nahen Rhein, schildert ihn aber (anders als die Ill) als potentiell todbringenden Fluss. So erwähnt er ein Hochwasser von 1480, bei dem viele Menschen ertranken. Im gleichen Abschnitt kommt er auf die Ortenau zu sprechen, die zwar eine fruchtbare Gegend sei, aber eine, in der man seines Lebens nicht sicher ist:

Die Gegne darinn diese Stättlin ligen / heist die Mordnaw / ligt an einem Gebürg / und rinnt die Kinzig dardurch / hat vorzeiten die Ortnaw geheissen / aber von wegen der Mörder / deren etwan vil darinn gewesen / besonder am Dorff Humßfelden das am Rhein ligt / hat es diesen Namen die Mortnaw bekommen. Es ist ein klein / aber ganz fruchtbar Ländlein / darinn gut Wein und ziemlich Korn wächst. (Münster:1628, S. 960)

Münster bedient damit das alte Klischee, demzufolge Kultur und Zivilisation zum linken Ufer gehören, während auf dem rechten bestenfalls eine fruchtbare Natur, schlimmstenfalls mörderische Barbarei herrschen. Die Ableitung des Namens Ortenau von »Mord« ist schlicht falsch[38], doch der Hinweis auf das »Mörderdorf« Hundsfelden (südlich von Kehl) spielt auf ein historisch belegtes Ereignis an: Der ehemals wohlhabende Fährort »Campus in undis« war durch den Bau der Kehler Rheinbrücke verarmt und durch die Ostverlagerung des Rheins unterspült worden. 1540/41 wurden die verbliebenen Bewohner verdächtigt, für Überfälle in der Gegend verantwortlich zu sein. Dreißig von ihnen wurde von der Freien Reichsstadt Straßburg und dem Grafen Graf Philipp IV. von Hanau-Lichtenberg der Prozess gemacht, alle wurden zum Tode verurteilt. Dahinter stand wohl der Versuch, das angespannte Verhältnis zwischen der Stadt und der Grafschaft durch ein gemeinsam vollzogenes »Blutopfer« zu verbessern. Und tatsächlich trat der Graf kurz darauf (1547) zum protestantischen Glauben über, der in Straßburg bereits galt.

Da Sebastian Münster Kehl übergeht, wollen wir ergänzend **Daniel Specklin** (1536-89) zu Rate ziehen. Der Straßburger Festungsbaumeister und Kartograph arbeitete zeitlebens an einer historisch-topographischen Darstellung des Straßburger Raums, die leider unveröffentlicht blieb. Zwei Drittel seiner Vorarbeiten verbrannten 1870 in der Straßburger Bibliothek. Erhalten blieb eine Karte des Elsass, die Specklin in österreichischem Auftrag angefertigt (1573-76) und die Franz Hagenberg aus Köln auf drei Kupfertafeln gestochen hatte (1577). Neben Straßburg sind darauf erstmals sämtliche, heute zu Kehl gehörenden Ortschaften verzeichnet: Adelshof (Odelshofen), Augenum (Auenheim), Bodersweier, Goldschir (Goldscheuer), Hohnhurst, Litzen (Leutesheim), Marlen, Newmul (Neumühl), Querbach, Sundh (Sundheim) und Zierolshof (Zierolshofen). Leider verwechselte Hagenberg Specklins K mit einem R, sodass aus Kittersburg, Kork, Kintzig und Kelle (Kehl) die Namen Ritersburg, Rorck, Rintzig und Relle wurden.

Auch für Specklin gehört die Rheingrenze der Vergangenheit an. Zwar spricht er von der »Gallia scheidt« und »der Germanier seitten«, doch diese Namen erinnerten nur an die »trefliche«, aber weit zurückliegende Schlacht von »Cesar Julius mit Ariovistus der Teutschen Kunig«. Während Münster den Rhein noch als Regionalgrenze gelten lässt, geht Specklin einen Schritt weiter. Auf seiner Karte reicht das Elsass von den Vogesen (Wosagus Mons) über den Rhein (Rhennus flumen) bis zum Schwarzwald (Silva Martiana). Entsprechend nennt er dieses Groß-Elsass das »schönst thall in Germania«, mit dem linksrheinischen Straßburg als »fürnemster« Stadt und dem rechtsrheinischen Breisgau als »fürnemster Lantschaft«[39].

Dass Münsters mehrsprachiges und Specklins entgrenztes Elsass durchaus Facetten der damaligen Wirklichkeit abbilden, belegt eine wenig beachtete Quelle aus Kehl. Die dortige Christus-Gemeinde ist im Besitz eines in Leder gebundenen Kirchenbuchs (23x17 cm), das als ältestes Buch der Stadt gelten kann. Die von verschiedenen Pfarrern vorgenommenen, handschriftlichen Einträge reichen vom April 1560 bis zum Februar 1622, also von der endgültigen Einführung der Reformation unter Pfarrer Mathias Mandelbach (1556-65) bis zum Dreißigjährigen Krieg unter Pfarrer Sigmund Kreutzer (1599-1622). Zwar gingen der Originaleinband, das Totenbuch sowie die ersten Seiten des Taufregisters verloren (das Titelblatt nennt die Jahreszahl 1559, die Eintragungen beginnen jedoch erst 1560 mit der Nr. 30). Doch es blieben das restliche Tauf- und das komplette Eheregister erhalten (517 bzw. 188 Seiten), letzteres versehen mit dem Titel »hochzeitlich Büch« und dem lateinischen Bibelspruch (Matt. 19, 4-6): »Quod Deus copuavit homo ne separet« (Was Gott zusammengefügt hat, soll der Mensch nicht trennen).

Auch dieser Band ist kein literarisches Werk, sondern ein Beispiel für Gebrauchsliteratur, doch er steckt voller Geschichten. Die Namenslisten belegen eine erstaunliche Durchmischung der damaligen Kehler Bevölkerung. Zwar stammen die meisten Ehepartner aus dem Raum Kehl und dem angrenzenden Kinzigtal (Wolfach, Gengenbach, Ortenberg, Offenburg), während andere Orte der heutigen Bundesrepublik kaum auftauchen (je 1x Pforzheim, Esslingen, Stuttgart und Augsburg). Doch viele Herkunftsorte liegen in der heutigen Schweiz (St. Gallen, Luzern, Schaffhausen, Stein am Rhein, Genf, Lausanne), in Lothringen (Fénétrange, Courzelles, Sarrebourg, Lutzelbourg, Metzer Land) und dem Elsass. An erster Stelle stehen natürlich Straßburg und seine Ortsteile (Illkirch-Graffenstaden, Wantzenau), aber auch aus dem nordwestlichen (Gambsheim, Brumath, Haguenau, Marmoutier, Saverne, Steinfeld, Ingwiller) und südlichen Elsass (Eschau, Erstein, Selestat, Rouffach, Sainte-Marie-aux-Mines) zog es Menschen nach Kehl. Da die Schweiz, Lothringen und das Elsass sowohl deutsch- als auch französischsprachige Gebiete umfassen, wird es auch in Kehl eine »welsche« Minderheit wie in Straßburg gegeben haben. Mehrsprachigkeit und offene Grenzen waren im 16. Jahrhundert also nicht ungewöhnlich, auch nicht im kleinen Kehl.

Zwölf Jahre nach Abschluss dieses Kirchenbuchs wurde Kehl im 30-jährigen Krieg vollständig zerstört. Doch der Band überlebte nicht nur diese, sondern auch alle folgenden Verwüstungen, zuletzt die des Zweiten Weltkriegs. Zusammen mit sechs Folgebänden wurde er Ende 1944 vom damaligen Ortspfarrer Karl Friedrich Fessler (1900-1988) nach St. Georgen im Schwarzwald verschickt, wo er bis in die fünfziger Jahre in einer Holzkiste lag[40]. Heute wird er in einem Panzerschrank des Kehler Gemeindehauses aufbewahrt. Um ihn einer breiteren Leserschaft zugänglich zu machen, wurde sein Inhalt 1997-2000 von Brigitte Gerloff abgeschrieben und digitalisiert. Die Ausdrucke bzw. CDs können in der Bibliothek des Historischen Vereins Mittelbaden in Kehl-Kork eingesehen und entliehen werden[41].

Von Bundesgenossen und Nachbarn

Am 20. Juni 1576 machten sich 54 Zürcher Bürger auf den Weg nach Straßburg, und zwar zu Wasser. An nur einem Tag ruderten sie über Limmat, Aare und Rhein bis an die Ill, um dort an einem Schützenfest teilzunehmen. Als Gastgeschenk führten sie auf ihrem Boot einen Topf Hirsebrei mit sich, der noch warm war, als sie am Abend desselben Tages Straßburg erreichten. Es war die symbolische Vorwegnahme eines Beistandspakts, der erst 1588 offiziell geschlossen wurde. Doch man demonstrierte damit bereits, wie schnell man zur Hilfe käme, sollten die städtischen Freiheiten bedroht werden.

In einem aus 1.174 Versen bestehenden Langgedicht hat **Johannes Fischart** (1546-90) das Ereignis festgehalten. Nach dem Besuch des Straßburger »Gymnasium Illustre« war er in Basel zum Dr. jur. promoviert worden und arbeitete danach als Stadtschreiber in Straßburg. Als sein Hauptwerk gilt die »Affentheurlich Naupengeheurliche Geschichtsklitterung« (1575), eine Nachdichtung von Rabelais' Romanen »Gargantua« und »Pantagruel«. Doch am populärsten blieb seine im Folgejahr entstandene Dichtung »Das Glückhafft Schiff von Zürich«.

Präzise schildert er den Ablauf der Fahrt von Zürich über Basel, Breisach, Neuenburg und Rheinau bis nach Straßburg. Im Geist der Renaissance zieht er eine Parallele zum Argonautenzug und setzt die Zürcher damit auf eine Stufe mit den Helden des griechischen Altertums. Aus der römischen Literatur entnimmt er das Motiv des personifizierten Rheins, eine Premiere in der deutschsprachigen Literatur. So lässt er die Zürcher das Wort direkt an den Strom richten (v. 260ff.), der mit seiner »rauschend Stimm« (v. 283) antwortet. Bevor sie in einen Ill-Kanal abbiegen, sehen die Ruderer die Kehler Brücke, die hier erstmals in einem literarischen Text erwähnt wird:

Doch zu Strasburg an der Reinprucken
Da hat der Rein gesucht ein lucken
Von altem her inein inn dStatt
Mit eim Arm auß sondrer libthat
(v. 715-718)

Für Fischart kommen in dieser Aktion protestantisch-bürgerliche Tugenden wie Fleiß, Tatkraft und Ausdauer zum Ausdruck, aber auch spezifisch »teutsche« wie Treue und Freundschaft. Noch höher steht für ihn ein humanistischer Wert, denn Gott wolle die Menschen nicht durch Wasserläufe trennen, sondern näher zusammenbringen. Die Erwähnung der Kehler Rheinbrücke bekommt damit ein besonderes Gewicht:

Hie sicht man, warum Gott die Flüß
Geschaffen hat, nur darum gwis,
Damit man durch jr mittel, weg
Nachbarschaft besuch, halt und pfleg;
Wie man da lißt, das ob den Pronnen
Vnd den Bächlin sich hab angesponnen
Der Menschen erstlich Nachbarschaft,
Daraus kam Sipschaft, Schwangerschaft,
Vnd folgends Dörfer, Flecken, Stett,
Wie es noch gibt die täglich Red,
Das man spricht, wir sind Nachbarn nach
Wir schöpfen Wasser aus eim Bach.
(v. 1089-1100)

Fischart überlässt es seinem Publikum, ob Brückenschläge auch über soziale und konfessionelle Grenzen hinweg erstrebenswert wären. Da er sich selbst vom Lutheraner zum Calvinisten entwickelt hat, dürften ihm solche Gedankenspiele zumindest nicht fremd gewesen sein. Sie auszusprechen wäre für den Schreiber einer lutherischen Stadt freilich nicht opportun gewesen. Leider blieb es nicht bei diesem schönen Schlusswort, denn gegen Ende seines Lebens wurde Fischarts Schreiben und Handeln vom grassierenden Hexenwahn vergiftet. 1580 veröffentlichte er die deutsche Übersetzung eines französischen Handbuchs für Hexenprozesse (Jean Bodins »Démonomanie«). Drei Jahre später begann er als Amtmann im lothringischen Forbach damit, die Theorie in grausame Praxis umzusetzen. Selbst in der Literatur sah er sich von Hexen umgeben.

Kurz vor seinem gewaltsamen Tod (er wurde von marodierenden Söldnern erschlagen) verfasste Fischart im Auftrag des Straßburger Patriziers Melchior Wiedergrün von Staufenberg eine »ernewerte Beschreibung der wolgedenckwürdigen alten und warhafften verwunderlichen Geschicht von Herrn Petern von Staufenberg genant Diemringer auß der Ortenau bei Rein, Rittern« (1588). Es war eine

Prosa-Nachdichtung von Egenolfs Versdichtung aus dem 14. Jahrhundert. Doch Fischart verwandelt das mittelalterliche Liebesmärchen in eine düstere Hexenfabel. Die Zauberfrau ist bei ihm eine »Meervee«, ein Kunstwort, in dem sich die Begriffe Fee und Venus mischen. Unter Feen versteht Fischart (in Anlehnung an und Verkehrung von Paracelsus) seelenlose Elementargeister, die unschuldige Menschenkinder verführen. Venus ist für ihn nicht mehr die antike Göttin der Liebe, sondern die teuflische Göttin der Wollust (luxuria), ein häufiger Anklagepunkt in Hexenprozessen. Auch ihr Bekenntnis zur Freiheit macht sie in Fischarts Augen zu einer Hexe, die er im wirklichen Leben wohl auf den Scheiterhaufen geschickt hätte. So verkörpert auch Fischart die Janusköpfigkeit des oberrheinischen Humanismus.

Zeittafel

1466/97	Mentelin- und Grüninger-Bibel
1478-1510	Geiler v. Kaysersberg predigt in Straßburg
1486	Heinrich Kramers »Hexenhammer«: Angst beiderseits des Rheins
1494	Sebastian Brants »Narrenschiff«: Lachen beiderseits des Rheins
ab 1500	Sebastian Brant, Johann Wimpfeling und Thomas Murner wirken in Straßburg
1501/02	Wimpfeling-Murner-Fehde: Gallisches oder germanisches Elsass?
1544	Sebastian Münsters »Cosmographiae«: Rhein als Trennlinie
1560-1622	Ältestes Kirchenbuch Kehls
1563-1566	Daniel Specklins Elsass-Karte: Rhein als Bindestrich
1577	Joh. Fischarts »Das Glückhafft Schiff von Zürich«: Rhein als Brücke

KAPITEL 5

»Im Feur und Rauch verlohren«
Das Zeitalter des Barock

1600 bis 1700

Der »Träumende« Johann M. Moscherosch

Ein Stich von Matthäus Merian d. Ä. zeigt die Stadt Straßburg im Jahr 1644. Bereits zwanzig Jahre zuvor zeichnete der Straßburger Baumeisters Heer einen ersten Plan des »Urdorfs« Kehl[42]. Beide Abbildungen stammen aus dem 30-jährigen Krieg (1618-48), dem die vier sog. »Reunionskriege« (1667-97) folgten. Während im friedlicheren Frankreich die Literatur des Klassizismus heranreifte, die für ganz Europa zum Vorbild werden sollte, schrieben deutsche und oberrheinische Autoren gegen die Schrecken dieser Kriege an und prägten damit einen radikal anderen Stil: den bzw. das Barock[43].

Im selben Jahr 1624, in dem Heers Kehl-Plan entstand, machte **Johann Michael Moscherosch** (1601-1669) seinen Magisterabschluss an der neu gegründeten Straßburger Universität. Er gilt als barocker Autor, doch er wurzelt in der Welt der Spät-Renaissance. Wie kaum ein anderer verkörpert er deren Universalität und Vielsprachigkeit, legt aber in seinen Texten auch ihre Abgründe bloß. Nimmt man die Häufigkeit seiner Werke in barocken Bibliotheken als Maßstab, so zählte er zu den meistgelesenen Autoren seiner Zeit. Seit 2018 erinnert eine Dauerausstellung im Willstätter Rathaus an den wohl größten Autor des Hanauerlands.

Moscheroschs Familie stammt väterlicherseits von der linken und mütterlicherseits von der rechten Rheinseite[44]. Sein Vater war ein angesehener Landwirt in Willstätt, der sich als »Kirchenschaffner« um das Kirchenvermögen von einem Dutzend Dörfer zu kümmern hatte. Für Graf Johann Reinhard I. (1599-1625) war er außerdem als »Münzgenschreiber« und für die Gemeinde als Schöffe und »Heimbürger« tätig (in dieser Funktion regelte er die gerechte Zuteilung des Gemeindewalds). Daneben bemühte er sich um eine gute Ausbildung seiner zwölf Kinder, zwei von ihnen ermöglichte er ein Studium an der Straßburger Artistenfakultät. Sein ältester Sohn Johann Michael war einer davon.

Nach dem Besuch der örtlichen Pfarrschule wechselte er 1612 an das Straßburger Gymnasium Illustre, wo er im Geist des protestantischen Humanismus erzogen wurde. Er lernte das lateinische Schultheater seines Lehrers Caspar Brülow ebenso kennen wie die seit 1605 erscheinende Straßburger »Relation«, die erste Zeitung der Welt. Seit 1619 zählte Moscherosch zu ihren Abonnenten (Schäfer: 2001, S.37). 1621 wurde das Gymnasium zur Universität aufgewertet, sodass Moscherosch nach dem Abitur seine Studien direkt fortsetzen und als Jahrgangsbester mit dem Magisterexamen abschließen konnte.

Doch über der Region brauten sich dunkle Wolken zusammen. Der 1618 in Böhmen und bald darauf auch in der Pfalz entbrannte Krieg war zwar noch fern, doch das neutrale (evangelische und zugleich reichstreue) Straßburg traf dennoch Vorkehrungen. Ab 1619 wurden seine Befestigungen und die des benachbarten Kehls massiv ausgebaut, die Rheinbrücke wurde verlängert (1621) und durch eine Schanze gesichert (1622). Auch Studenten wurden zu den Arbeiten herangezogen, Moscherosch dürfte dabei gewesen sein. Schon vor Ausbruch der Kämpfe suchten Tausende Zuflucht hinter den Mauern und Schanzen von Straßburg und Kehl[45].

Vor diesem Hintergrund versteht man Moscheroschs Wunsch, nach seinem Studium in friedlichere Teile der Welt zu reisen. Sein Weg führte ihn zunächst in die französische Schweiz (in Genf legte er ein Studiensemester ein), danach ins Königreich Frankreich (Lyon, Paris, Angers) und schließlich ins noch selbständige Herzogtum

Lothringen. Diese Route wird später den Handlungsfaden zu seinem Roman »Wunderbahre Satyrische gesichte« bilden.

1626 trat Moscherosch eine Stelle als Hofmeister auf der Veste Hardenburg bei Dürkheim an. Dort bereitete er seine erste Veröffentlichung vor, eine (verlorene) Ausgabe lateinischer Epigramme. Außerdem lernte er Esther Ackermann kennen, die Tochter eines calvinistischen Juweliers. Als Ehefrau folgte sie ihm 1631 in die lothringische Grafschaft Créhange (Kriechingen), wo Moscherosch die Stelle eines Amtmanns antrat. Erstmals erlebte er dort die Schrecken des Kriegs, denn die Stadt wurde erst von französischen, dann von kaiserlichen Truppen gebrandschatzt. Neben dem Grafen kam dabei auch Esther sowie einer ihrer beiden Söhne ums Leben. 1635 starb auch Moscheroschs zweite Frau Barbara Paniel, die er in seinen französischen Phyllis-Gedichten verewigte. Noch bevor Moscherosch sich einen Namen als deutscher Dichter machte, trat er somit als neulateinischer und französischer Autor auf.

Als der zweifach verwitwete Moscherosch nach Straßburg zurückkehrte, hatte der Krieg längst den Oberrhein erreicht. 1626 waren kaiserliche Truppen eingefallen, 1632 rückten schwedische nach. Moscheroschs Eltern flohen daraufhin zu Verwandten nach Straßburg, verloren aber all ihren Besitz. 1634 wurden Willstätt und Kehl niedergebrannt, doch Straßburg hielt stand. Zwar wurde die Stadt von Hunger und Seuchen heimgesucht, doch die Flamme des Humanismus war in ihren Mauern nicht erloschen. Mitten im Krieg (1633) wurde hier die »Aufrichtige Tannengesellschaft« gegründet. Wie die »Fruchtbringende Gesellschaft« zu Weimar verfolgte sie das Ziel, die deutsche Sprache zu verteidigen und zu pflegen. Dass Moscherosch vom Lateinischen und Französischen zum Deutschen wechselte, könnte auf den Einfluss dieser beiden Gesellschaften zurückgehen, zu deren Mitgliedern der »Träumende« (so sein Dichtername) bald zählte.

Nach dem Tod seines Vaters (1636) kehrte Moscherosch nach Lothringen zurück, diesmal als Amtmann der Herzöge von Fénétrange (Finstingen). Dort lernte er seine dritte Frau Anna Maria Kilburger kennen und arbeitete an einer deutschen Übersetzung der spanischen Novellensammlung »Sueños y discursos de verdades«

(Träume und Gespräche über Wahrheiten) von Francisco de Quevedo (1580-1645). Als Vorlage diente ihm eine französische Übersetzung aus dem Jahr 1632, von der er sich rasch löste. Er verlegte die Handlung von Spanien nach Frankreich und Deutschland, dichtete mehrere Kapitel dazu und erfand eine neue Rahmenhandlung. Das Ergebnis war ein eigenständiger Roman, der 1640 unter folgendem Titel erschien:

Les visiones de Don Francisco de Quevedo Villegas oder Wunderbahre Satyrische gesichte verteutscht durch Philander von Sittewalt. Betrukt und verlegt zu Strasburg bey Johann Philipp Mülben

An erster Stelle steht die (nicht ganz korrekte) Rückübersetzung des französischen Titels ins Spanische (im Französischen ist von Visionen die Rede, im Spanischen von Träumen). Der dann folgende deutsche Haupttitel weicht von beiden stark ab und betont damit seine Selbständigkeit. Das Adjektiv »satyrisch« spielt auf die Gattung Satire und die Gestalt des Satyr an. Entsprechend zeigt das Titelkupfer einen Menschen mit Narrenkappe und einen zweihörnigen Satyr, beides Aspekte des Autors. Der Name des Ich-Erzählers Philander (griech. Menschenfreund) verweist auf Moscheroschs humanistische Bildung, das Anagramm »Sittewalt« auf seinen Geburtsort (gebildet aus den Buchstaben WILLSTAETT). Dieser existierte allerdings nicht mehr, der Auflösung des Namens war die physische Vernichtung des Ortes vorausgegangen. Im 6. Kapitel »Hoellen=Kinder« nennt Philander ihn seine »Haymat« (Moscherosch:1642, S.278).

Sittewalt steht nicht nur für Willstätt, sondern für alle vom Krieg ausgelöschten Orte. Ebenso ist Philander nicht nur das Alter Ego des Autors, sondern das einer ganzen Generation, die der Krieg räumlich wie geistig heimatlos gemacht hat. Ohne Möglichkeit zur Heimkehr bleibt Philander ein Reisender auf Lebenszeit. Als passiver Held treibt er ohne festen Halt durch eine Welt, die dem Untergang geweiht ist. Auf seinem Weg begegnen ihm »Weltwesen« aus allen Schichten, Ländern und Zeitaltern, Lebende und Tote, sogar der Teufel persönlich. Nie greift er aktiv ins Geschehen ein, doch seine Schilderungen stellen den Hochmut des Adels und die überholten Bildungsideale des Bürgertums bloß.

Eine politisch, sozial und konfessionell derart zersplitterte Welt kann auch literarisch nicht als Einheit dargestellt werden. In die Rahmenhandlung der »Gesichte« sind daher unterschiedliche Textgenres eingebettet: Novellen, gelehrte Abhandlungen, Gedichte, Kirchenlieder und Theaterdialoge. Ferner werden in das barocke Deutsch des Erzählers Passagen auf Latein, Französisch, Spanisch, Flämisch und Schweizerdeutsch eingestreut. Zur formalen und sprachlichen Vielfalt kommt eine raffinierte Montagetechnik. Der Text ist gespickt mit Zitaten Straßburger Humanisten (Geiler, Brant, Murner, Fischart u. a.) und anderer Autoren aus verschiedenen Ländern und Epochen[46]. Mal werden deren Texte wörtlich übernommen, mal verfremdet, mal nur einzelne Begriffe oder Motive eingestreut. All dies unterstreicht den Eindruck einer auch literarisch zerfallenden Welt.

1641 floh Moscherosch mit seiner Familie ein weiteres Mal nach Straßburg. Nach einer kurzen Zwischenbeschäftigung als »Staats- und Kriegsrat« im schwedisch besetzten Benfeld übernahm er 1645 in Straßburg die Stelle eines »Frevelvogts«, was die Aufgaben eines Polizeipräsidenten und Sekretärs am »Polizey-Gericht« umfasste (Gewaltenteilung war noch unbekannt). Kurz darauf ging er nach Paris, um die Republik Straßburg in Frankreich diplomatisch zu vertreten. Moscheroschs Äußerungen aus diesen Monaten bezeugen seine Begeisterung für die französische Hauptstadt, doch die französische Politik sah er kritisch. Als mit dem Westfälischen Frieden (1648) die Rechte des Hauses Habsburg und die des Reiches auf elsässischem Gebiet an Frankreich fielen, brachte Moscherosch im Folgejahr Wimpfelings »Germania« neu heraus, die lateinische und erstmals auch die deutsche Fassung. Bekanntlich betont Wimpfeling die Zugehörigkeit des Elsass zum alten Germanien, die Neuausgabe war daher eine Form des Protests gegen den wachsenden französischen Einfluss in der Region.

Auch die »Gesichte« beschäftigten Moscherosch weiter, bis 1650 erschienen mehrere neue Auflagen bzw. Ergänzungen, ferner eine Sammlung von Epigrammen und ein pädagogischer Ratgeber wider die »schlaflose Sorge der Eltern« (Insomnis Cura Parentum). Auch diese Werke wurden in Straßburg gedruckt (1642/43). Für uns besonders interessant ist ein 1652 veröffentlichtes Gedicht, in dem Moscherosch erklärt, was es mit Sittewaldt (nun mit DT geschrieben) auf sich hat:

Du werthe Kintze du, die du mein Sittewaldt
Wilstätt, ietz wild und öd, mit deinem strohm beteichest,
Nicht über gross, doch gut mit Lachs und Holtz bereichest,
Wilstätt, befreyter lust vorhin ein auffenthalt,
Jetzt, dass es Gott erbarm, ein eingeäschte Statt,
Du werthe Kintze du, in deren ich geschwommen
Jung, Muttig, ehe ich ward auss deiner schooss genommen
[...]
Doch, Ach Melander, wan Du komst nach Sittewald
Und die vor-schöne Stätt ietzt siehest in gefildern,
In Kirch, Schloss, Gärten, Mühl und Häusern so verwildern,
Die durch Unmänschen grimm verstälte ungestalt,
Ach so beseuffze doch mein armes Vatterland!
Das Hauss, darinn ich bin an diese Welt gebohren,
Das ist durch Schnauberey im Feur und Rauch verlohren ...
(Schäfer:1993, S.6-8)

Anders als in seinem Roman stellt Moscherosch neben den Namen Sittewaldt nun den seines Heimatortes Willstätt und löst das Anagramm damit auf. Außer dem Ort wird auch der Fluss Kinzig direkt angesprochen, über den Lachse hinaufwandern und Baumstämme hinuntergeflößt werden. Die Kinzig wird so zur Nabelschnur, die den Ort mit dem Rhein und der »Welt« verbindet. Gleichzeitig steht die Kinzig für mütterliche Geborgenheit, vielleicht auch für erste erotische Erfahrungen (»mutiges« Schwimmen in ihrem »Schoß«). Doch all dies lebt nur in der Erinnerung des lyrischen Ichs, denn an die Stelle des Leben spendenden Wassers ist ein vernichtendes Feuer getreten (»im Feur und Rauch verlohren«). Die Vernichtung Willstätts steht auch hier für das Schicksal des ganzen »Vatterlands«. Die Schuld an beider Untergang gibt das lyrische Ich keiner bestimmten

Partei, sondern den »Unmänschen«, die dieser Krieg erst hervorgebracht habe.

Der »Bußprediger« Quirin Moscherosch

An dieser Stelle verlassen wir Moscherosch. Sein Abschied aus Straßburg (1655), seine Tätigkeit im Kabinett des Grafen Friedrich Casimir in Hanau (1656-60) und seine letzten Anstellungen bei den Grafen Cratz und Dhaun (1663/64) führten ihn geografisch fort aus dem uns interessierenden Gebiet. Wenden wir uns stattdessen seinem zwei Jahrzehnte jüngeren Bruder **Quirin Moscherosch** (1623-75) zu, der einer ganz anderen Generation angehört. Die friedliche Vorkriegswelt hat er nie kennengelernt, er wurde direkt ins Kriegschaos hineingeboren. Das Thema seines Schreibens ist daher nicht die Klage über den Untergang der alten, ihm letztlich fremden Renaissance-Welt, sondern die Stiftung einer neuen.

Bis 1645 besuchte Quirin Moscherosch das Collegium Wilhelmitanum in Straßburg. Nach seinem Studium trat er im Jahr des Friedensschlusses (1648) eine Pfarrstelle im elsässischen Offendorf an und wechselte 1655 ins rechtsrheinische Bodersweier bei Kehl. Beide Orte gehörten zur Grafschaft von Hanau-Lichtenberg, auch wenn sie in den Jahren 1652-72 getrennt verwaltet wurden[47]. Noch heute sieht man am Westportal der Kirche von Bodersweier (1616) das gräfliche Wappen. 1654-57 wurden in Rheinbischofsheim, Lichtenau und Willstätt der Reihe nach drei neue Kirchen eingeweiht, zu den Feierlichkeiten verfasste Quirin Moscherosch jeweils ein Gedicht. Sein Verhältnis zum Landesherrn scheint demnach ein sehr enges gewesen zu sein.

Quirins Verse auf die (bald wieder eingestürzte) neue Kirche von Willstätt (der heutige Bau ist von 1756) spielen auf das Willstätt-Gedicht seines berühmten Bruders Johann Michael an. Auch Quirin Moscherosch erwähnt frühere Freuden und die spätere Zerstörung, die das Schicksal des ganzen »Vaterlands« widerspiegelt. Doch bei genauem Hinsehen stellt Quirin die Aussagen seines Bruders auf den Kopf:

Du wildes Wildstätt du! Die Bauherrn / welche dich
An deinem Gründungstag vom Wilden her genennet /
Die haben für gewiß damals (wenn anderst ich
Noch etwas schliessen kan) in jrem Geist erkennet /
Und gleichsam vorgesehn / das / was du itzund bist /
Vor diesem warestu die wahre Stätt der Freuden /
Allwo zu finden war / warnach uns nur gelüst;
Wolt' jemand seinen Leib in süsser Wollust weiden /
So kam' er nur zu dir. Nun ist es umgewand!
Hat jemand einen Lust an immer=nassen weinen /
Wie Jeremias=Haubt / der werde nur gesandt
Zu dir du Wilde Stätt! [...]
Nun sey genug geweint! An Babels Jammer=Flüssen
Hastu mein Vaterland / mit Juda büssen müssen
Manch langen Tag und Nacht: So lang der denken kann/
Der dreissig Weizen=ähr erlebt von Kindbett an [...]
Dargegen schicket Gott den Fried in unsre Grentzen /
Darinnen / was zerstückt / man wiedrum mag ergäntzen
(Schäfer:2005, S.21f.)

Auch bei Quirin Moscherosch ist das Bild des Vorkriegs-Willstätt erotisch aufgeladen, aber weitaus stärker sexualisiert als bei seinem Bruder (»Stätt der Freuden«, »Leib in süßer Wollust«). Nicht Lebenslust, sondern Leibeslust steht im Vordergrund, das Elternhaus stand offenbar in einem Freudenhaus. Obwohl Willstätt erst seit 1232 belegt ist, wird sein Ursprung in die heidnische Vergangenheit zurückverlegt (»vom Wilden her«) und sein Schicksal mit dem des sündigen Babylons verglichen. Sein Untergang erscheint daher als gerechte Strafe, der »Flammen=Krieg« als notwendiges Sühneopfer. Erst danach könne auf den Trümmern des »zerstückten« Willstätt ein neues, christliches errichtet werden. Dessen Symbol ist die neue Kirche, mit der sich die Gemeinde zu ihrem weltlichen Landesvater und ihrem himmlischen Vater bekennt. Solche Verbeugungen vor den herrschenden Autoritäten finden sich bei Quirin oft, was ihm eine dauerhafte und gut besoldete Stelle sicherte. Seinem älteren Bruder blieb dies zeitlebens verwehrt.

Das in Auszügen zitierte Gedicht wurde 1658 in Straßburg als Teil der Sammlung »Krieges=Turm und Sieges=Turm« gedruckt. Es folgten zwei weitere Gedichtbände mit lateinischen und deutschen Versen: die »Hanauischen Lob-, Lieb-, Lust-, Lehr- und Leid-Gedichte« (Straßburg 1668) und das »Poetische Blumen-Paradieß« (Nürnberg 1673). Die Verbindung zu Nürnberg ergab sich über den »Pegnesischen Blumenorden«, eine Sprachgesellschaft, zu deren Mitgliedern Quirin Moscherosch zählte. Dadurch wurde er auch überregional bekannt, doch das literarische Niveau seines Bruders erreichte er nie. In seinen drei Lyrikbänden erweist er sich als geschickter Verse-Schmied, der auch komplexe Reimschemata und Buchstabenspiele beherrscht. Hinzu kommen viele lokale Bezüge, die ihn (mehr als seinen Bruder) zu einem Autor des Hanauerlands machen.

Dennoch bleiben Quirins Dichtungen dem Schema traditionellen Fürsten- und Gotteslobs verhaftet. Statt wie Johann Michael eine zerbrechende Welt darzustellen, beschwört Quirin eine heile Gegenwelt. Gefunden hat er sie im Leben allerdings nicht, denn am Ende holte auch ihn der Krieg ein. In den Jahren 1667-1697 führte Ludwig XIV. vier »Reunionskriege«, immer wieder wurde auch der Oberrhein zum Kriegsschauplatz. Als 1673 das rechte Rheinufer von kaiserlichen Truppen besetzt wurde, suchten erneut Tausende Schutz hinter Straßburgs Mauern. Unter den Flüchtenden waren auch Quirin Moscherosch und seine Frau. 1675 starben beide dort an der »hitzigen Kranckheit« (Typhus).

Der »Einsidel« des Christoph von Grimmelshausen

Während Quirin Moscherosch in Bodersweier dichtete und predigte, schrieb **Johann Jacob Christoph von Grimmelshausen** (1621-76) in den benachbarten Ortschaften Gaisbach und Renchen an seinen großen Romanen. Die beiden Autoren waren fast gleich alt, sie wohnten nur wenige Kilometer voneinander entfernt und standen sogar in persönlichem Kontakt. So wurde Quirins Gedichtband »Poetisches Blumen=Paradieß« von Grimmelshausens Verleger Wolf Eberhard Felßecker herausgebracht, Grimmelshausen steuerte ein

»Seinem wehrten H. Nachbarn« gewidmetes Eingangsgedicht bei. Quirin Moscheroschs Äußerungen über Grimmelshausen sind weniger freundlich. In einem Brief wünschte er, dass »Ihm einer nur mit 1 paar bögen, das Maul stopfte« (Wortelkamp:1991, S.43). Auslöser dieses Wutausbruchs war Grimmelshausens Schrift »Simplicissimi Prahlerey und Gepräng mit seinem Teutschen Michel« (1673), in der Sprachgesellschaften satirisch vorgeführt wurden. Wie erwähnt, war Quirin Moscherosch selbst Mitglied, worauf Grimmelshausen zeitlebens verzichtete. Sie waren ihm wohl zu elitär.

Grimmelshausens Leben begann dort, wo Johann Michael Moscheroschs Karriere endete: in Hanau. Seine Familie war aus Gelnhausen dorthin geflohen, doch schon bald darauf wurde das Kind von kaiserlichen Kroaten gefangen und verschleppt. Die folgenden Kriegsjahre erlebte Grimmelshausen unter Soldaten unterschiedlicher Lager, wobei er sich nach und nach vom Trossjungen und Pferdeknecht zum Musketier hocharbeitete. Eine höhere Schule oder Universität besuchte er dagegen nie, sein umfangreiches Wissen eignete er sich selbst an.

1638 sehen wir Grimmelshausen erstmals am Oberrhein, zuerst in Breisach, dann in Offenburg. Während Johann Michael Moscherosch in Fénétrange an seinen »Gesichten« arbeitete und dessen Bruder Quirin in Straßburg die Schule besuchte, arbeitete Grimmelshausen in der Offenburger Regimentskanzlei des Stadtkommandanten Hans Reinhard von Schauenburg. Nach dem Friedensschluss, seinem Übertritt zum Katholizismus und seiner Eheschließung mit der Elsässerin Catharina Henninger (mit der er zehn Kinder hatte), ging Grimmelshausen 1649 als Hans Reinhards Schaffner nach Gaisbach bei Oberkirch. Dort wachte er über die Polizeiordnung (etwa den regelmäßigen Kirchgang), prüfte die Abgaben und kümmerte sich um den Gemeindestier.

1662-65 arbeitete Grimmelshausen auf der nahen Ullenburg. Sie gehörte dem literarisch interessierten Arzt Johannes Küffer aus Straßburg, einem Mitglied der Tannengesellschaft. Zurück in Gaisbach eröffnete Grimmelshausen die noch heute existierende Gaststätte »Zum silbernen Stern«. Besucher können im Obergeschoß die Stube sehen, wo er (angeblich) seine Romane verfasste. Doch der größte Teil seines Werks entstand nicht hier, sondern im benachbarten Renchen, wo Grimmelshausen neun Jahre lang als Schultheiß tätig war (1667-76). Der Ort hatte damals etwa 700 Einwohner und gehörte zum Bistum Straßburg. Möglicherweise stand sein Wohnhaus (und damit sein Schreibtisch) dort, wo sich heute das Grimmelshausen-Denkmal erhebt[48].

In Grimmelshausens Renchener Zeit fällt die Veröffentlichung seines berühmten Romans »Der abentheurliche Simplizissimus Teutsch«. Dessen erste fünf Bücher erschienen 1668 unter dem Pseudonym German Schleifheim von Sulsfort (ein Anagramm für Christoffel von Grimmelshausen). Gedruckt wurde es bei Eberhard Felßecker in Nürnberg. Held des Romans ist Melchior Sternfels von Fuchshaim (ebenfalls ein Anagramm des Autors), genannt »Simplicius Simplizissimus« (Einfältigster der Einfältigen). Wie Moscheroschs Philander trägt er Züge des Autors. Und wie dieser baut Grimmelshausen andere Texte in seinen Roman ein, allerdings nur deutsche (z. B. Merians »Theatrum Europaeum«).

Doch es gibt auch Unterschiede. Anders als Philander wechselt Simplicius mehrfach seine Erscheinung. Mal trägt er eine Kalbshaut, mal ein Narrenkostüm, danach Frauenkleider, Amtsroben und am Ende eine Mönchskutte. Zwar betont auch Moscherosch die Vielfalt der Welt, schildert sie aber aus der Perspektive einer halbwegs stabilen Erzähler-Identität heraus. Bei Grimmelshausen fällt auch diese letzte Sicherheit. Identitäten erscheinen als bloßes Maskenspiel einer vergänglichen Welt. Entsprechend lautet das Leitmotiv des Romans: »Der Wahn betrügt« (18 von 20 Illustrationen des »Barock-Simplizissimus« tragen dieses Motto).

Schon im Frühjahr des Folgejahrs brachte Felßecker einen Nachdruck heraus, der ein 6. Buch enthält: die »Continuatio des abentheurlichen Simplicissimi oder Der Schluss desselben« (wieder unter dem Namen German Schleifheim von Sulsfort). Das erste Kapitel enthält eine Szene, die als erste Landschaftsbeschreibung der deutschen Literatur gilt. Tatsächlich kann man den hier geschilderten Ausblick vom 871 Meter hohen Mooskopf bis heute nachvollziehen. Doch ist der Text kein schlichtes Abbild der Natur, sondern eine vielschichtige Allegorie, die auf unterschiedlichen Ebenen gelesen werden kann:

> Ich wohnete auff einem hohen Gebürg, die Moß genant / so ein stück vom Schwartzwald: und überal mit einem finstern Dannen-Wald überwachsen ist / von demselben hatte ich ein schönes Außsehen gegen Auffgang in das Oppenauer Thal und dessen Neben-Zincken; gegen Mittag in das Kintzinger Thal und die Grafschafft Geroltzeck / alwo dasselbe hohe Schloß zwischen seinen benachbarten Bergen das Ansehen hat / wie der König in einem auffgesetzten Kegel-Spill; gegen Nidergang kondte ich das Ober und UnterElsaß übersehen / und gegen Mitternacht der Nidern Marggraffschafft Baden zu / den Rheinstrom hinunter; in welcher Gegen die Statt Straßburg mit ihrem hohen Münster-Thurn gleichsamb wie das Hertz mitten mit einem Leib beschlossen hervor pranget. (Grimmelshausen:2013, S. 565)

Zeitlich ist der Text im 30-jährigen Krieg angesiedelt, dem sich der Ich-Erzähler am Ende des 5. Buches entzogen hat. In der »Continuatio« erfahren wir, dass er sich als »Einsidel« im Moos-Massiv niedergelassen hat, einem zwischen Rench- und Kinzigtal gelegenen Ausläufer des Schwarzwalds. Von dieser Warte aus (»auff einem hohen Gebürg«) schweift sein Blick in alle Richtungen, wobei der Krieg ausgeblendet bleibt. Sowohl die Festungen Offenburg und Straßburg als auch die zerstörten Ortschaften Gengenbach und Willstätt bleiben unerwähnt. Stattdessen wird eine Postkartenidylle gezeichnet, mit dem Ich-Erzähler in der Mitte. Er hat offenbar seinen inneren Frieden gefunden und projiziert diesen auf die ihn umgebende Welt. Vor seinem inneren Auge erscheint sie als ein lebendiger, beide Rheinseiten umfassender Organismus, dessen Herz in Straßburg schlägt. Während der Ich-Erzähler ihn betrachtet, folgt sein Blick dem Lauf der Sonne.

Im Osten (»Auffgang«) blickt er hinunter (»Thal«), im Süden steigt er hinauf (»hohes Schloß«), im Westen sinkt er wieder herab (»Niedergang«). Dieser Stundenkreis wird mit den Lebensaltern verknüpft: In seiner Kindheit verharrt der Mensch in einem paradiesischen Naturzustand, entsprechend sieht der Erzähler im Osten »schöne« Landschaften, aber keine Spuren menschlicher Zivilisation. In der Lebensmitte ist der Mensch sozial und politisch aktiv, steigt womöglich in höchste Ämter auf. Daher erblickt der Ich-Erzähler im Süden ein Schloss, das »wie ein König« aussieht. Doch dieser entpuppt sich als »Kegel-Spill« und das vermeintliche Schloss als Ruine. Es ist die Hohengeroldseck, die bereits 1486 zerstört und 1599 ganz aufgegeben wurde.

Wie wechselhaft das Glück und wie vergänglich Macht und Ruhm sind, offenbart der Blick nach Westen. Dort liegt das seit dem Westfälischen Frieden politisch gespaltene Elsass[49]. Einzige Gewissheit im Spiel des Lebens ist der Tod, auf den der Lebens- bzw. Rheinstrom verweist. Es bleibt die Hoffnung auf ein Jenseits, weshalb am Ende das Straßburger Münster steht (obwohl dieses von der Moos aus kaum zu sehen ist). So kommentiert auch dieser Text das Roman-Motto: Der Wahn betrügt. Der vermeintlich erste Blick eines deutschen Literaten auf eine reale Landschaft entlarvt diese als Illusion und gewährt stattdessen einen Einblick in die Innenwelt des Autors.

Trotz seiner Komplexität war der Roman ein großer Erfolg. Bereits 1670/71 erschienen bei Felßecker zwei neue Ausgaben: der »Kalender-Simplizissimus« und der »Barock-Simplizissimus«. Es folgten (teilweise bei anderen Verlegern) weitere Romane, die großteils mit dem Hauptwerk zusammenhängen und als »Simplizianische Schriften« bezeichnet werden. Die »Courasche« (1670) gilt als 7. Buch und inspirierte Bertolt Brecht zu seiner »Mutter Courage«. Als 8. Buch folgt »Der seltsame Springinsfeld« (1670), dessen Held (wie zuvor die Courasche) eine Figur aus dem Hauptroman ist. Den Abschluss bilden als Buch 9 und 10 »Das Vogelnest I« und »Das Vogelnest II« (1672/75), beide nicht in Nürnberg, sondern in Straßburg gedruckt. Damit endet der Zyklus, aber nicht Grimmelshausens Werk, zu dem noch etliche nicht-simplizianische Schriften gehören (darunter sechs weitere Romane).

Wie Quirin Moscherosch erlebte auch Grimmelshausen am Ende seines Lebens die Rückkehr des Kriegs. 1672 brach der Holländische Krieg aus, der sechs Jahre lang wütete. Mit dem Aufmarsch kaiserlicher Truppen wurde ab 1673 auch der Oberrhein zum Kriegsschauplatz. In Renchen und Sasbach wurde ein Regiment einquartiert, für die Kosten hatten die Kommunen aufzukommen. In den folgenden zwei Jahren lösten sich in rascher Folge lothringische, französische, preußische und kurpfälzische Truppen ab. Versuche der

Schultheißen, Einquartierungen zu verhindern, blieben vergeblich. Als Grimmelshausen 1676 im völlig verarmten Renchen starb, lagen 55 Lebensjahre hinter ihm, davon 30 Kriegsjahre. Der friedliche Ausblick vom Mooskopf hatte sich endgültig als »Wahn« erwiesen.

Politischer und sprachlicher Neuanfang

Ein Merkmal der Barockliteratur ist ihre Vielsprachigkeit, auch wenn sich im 17. Jahrhundert Deutsch zur dominierenden Literatursprache Mitteleuropas entwickelte. Nur gab es »die« deutsche Sprache damals noch gar nicht, Reformation und Gegenreformation hatten zur Ausbildung zweier unterschiedlicher Sprachnormen geführt. Am erfolgreichsten war das auf dem Kursächsischen basierende Hoch- bzw. Lutherdeutsch. Es setzte sich rasch im mittel-, aber auch im norddeutschen Raum durch, wo es die ältere niederdeutsche Schriftsprache verdrängte. Im süddeutschen Raum dagegen blieb das sich an bairisch-österreichischen Dialekten orientierende Ober- bzw. Jesuitendeutsch noch bis ins 18. Jahrhundert hinein amtlicher Standard.

Beide Sprachvarianten konkurrierten am Oberrhein miteinander, wobei protestantische Autoren Lutherdeutsch bevorzugten und katholische Jesuitendeutsch. Der Versuch, eine dritte Norm auf Basis des Alemannischen zu etablieren (sog. Eidgenössische Landsprach) wurde wieder aufgegeben. Damit sank das Alemannische, im Mittelalter Basis der Hof- und Literatursprache, zum Dialekt herab. Dabei hatten regionale Sprachvarianten in der Barockliteratur durchaus ihren Platz: Georg Rodolf Weckherlin (1584-1653) dichtete auch in seiner schwäbischen Muttersprache, Andreas Gryphius (1616-64) verfasste ein Theaterstück im schlesischen Dialekt und in Straßburg nahm sich das 1671 gegründete »Poetische Kleeblat« des Alemannischen an.

Wie der Name vermuten lässt, bestand diese Gesellschaft anfangs aus nur drei Personen, vermutlich Studenten. Als Zeichen der Überwindung von Standesunterschieden legten sie sich fantasievolle Gesellschaftsnamen zu: Georg Litzel »Zetelin«, Johann Valentin Will

»Liwulis« und Friedrich Weiger »Regevius«. Stifter und Mentor der Gesellschaft war **Johann Christoph Becker** (1626-1701), ein Lehrer für Geschichte und Rhetorik am Straßburger Gymnasium (»Artopoetus«). Gemäß ihrer Satzung (1673) trafen sich die Mitglieder jeden Samstag Abend, um »etwas zu lernen und sich in teutscher Sprach und Poeterey zu üben« (Otto:1972, S.61). Wie die Straßburger Tannengesellschaft, die älter, größer und bekannter war, stand auch das Poetische Kleeblatt der Opitz'schen Poetik kritisch gegenüber und lehnte Fremdwörter ab. Doch im Unterschied zur Tannengesellschaft räumte die neue Gesellschaft neben dem Lutherdeutschen auch dem Alemannischen einen Platz ein.

1687 heiratete die Straßburger Arzttochter Salome Saltzmann den Juristen Philipp Ludwig Künast (»Unketas«), ein Kleeblatt-Mitglied. Zu diesem »Hochzeitlichen Ehren= und Freuden=Fest« ließ die Gesellschaft bei Johann Wilhelm Tidemann eine Sammlung von »Wunsch= und Scherz=Gedichten« drucken, darunter den 56 Verse umfassenden Einakter »G'spräch s' Bäsel Lissels' uns' Bäsel Bärbels' / übers' Herr Künasts Hochzyt«. Liesel und Bärbel unterhalten sich darin auf »Stroosburjerditsch« über Vor- und Nachteile des Ehestandes und loben Braut und Bräutigam. Der anonyme Text gilt als erstes literarisches Dokument in elsässischer Sprache. Die Form des Textes wird Schule machen und ein eigenes Genre hervorbringen: die »Fraubasengespräche«.

Es war eine politisch bewegte Zeit. 1679 fiel das im Vorjahr von französischen Truppen verwüstete Kehl an Frankreich, zwei Jahre später kapitulierte auch Straßburg. 1682 wurde mit dem Bau der neuen Doppelfestung Kehl-Straßburg begonnen, wodurch sich das Gesicht beider Orte nachhaltig veränderte. Vor diesem Hintergrund wird die politische Dimension des während der Bauzeit erschienenen Einakters deutlich. Die Regionalsprache betont eine eigenständige Identität gegenüber dem alten Mutter- (Deutschland) und dem neuen Vaterland (Frankreich). Das unpolitische Sujet und die Anonymität des Verfassers machen aber auch deutlich, wie vorsichtig man vorgehen musste, denn bereits ein Jahr nach der erwähnten Hochzeit brach der Pfälzische Erbfolgekrieg (1688-97) aus. An dessen Ende musste Frankreich auf einige Eroberungen verzichten. Straßburg und seine Zitadelle blieben zwar französisch, doch alle rechtsrheinischen Besitzungen fielen zurück ans Reich, darunter auch Kehl. Der Rhein war wieder zur Grenze geworden.

Zeittafel

1605	Erste Zeitung der Welt erscheint in Straßburg
1633	Gründung der Tannengesellschaft in Straßburg
1640	J. M. Moscheroschs »Satyrische gesichte«: der entmenschlichte Krieg
1658	Q. Moscheroschs »Krieges=Sturm u. Sieges=Turm«: der Sühnekrieg
1668/69	Grimmelshausens »Simplicius Simplizissimus«: der verdrängte Krieg
1671	Gründung des Poetischen Kleeblatts in Straßburg
1679/81	Kehl und Straßburg werden französisch
1682-1688	Bau der Vauban-Festungen von Kehl und Straßburg
1697	Kehl fällt zurück ans Reich (Frieden von Rijswijk)

KAPITEL 6

Im Zwielicht

Das Zeitalter der Aufklärung

1700 bis 1771

Die pietistische Hurenfestung

»Was ist Aufklärung?« fragte der Pfarrer Johann Friedrich Zöllner die Leser der »Berliner Monatsschrift« im Dezember 1783. Genau ein Jahr später gab Immanuel Kant seine bis heute klassische Antwort darauf. Sie sei der Ausgang des Menschen (unabhängig von Stand, Geschlecht und Bildungsgrad) aus seiner selbst verschuldeten Unmündigkeit. Nicht auf das Ziel, auf den selbstbestimmten Weg kommt es demnach an. In Frankreich hat sich für die gleiche Epoche der Name »Siècle des Lumières« (Jahrhundert der Lichter) eingebürgert, wobei der französische Plural den Wandel im Denken noch deutlicher ausdrückt. An die Stelle einer einzigen Licht- und Erkenntnisquelle (sei es die Kirche oder ein absolutistischer Fürst) tritt eine Vielzahl konkurrierender Meinungen und Standpunkte. War der Renaissance-Humanismus noch an der Unfähigkeit gescheitert, das »Andere« zu denken, sollte dies im Zeichen aufgeklärter Toleranz nun anders werden.

Wann genau die Aufklärung beginnt, ist umstritten, der Übergang vom Barock ist fließend und verlief nicht überall gleichzeitig oder mit gleicher Geschwindigkeit. Einzelne Personen oder Gruppen gingen voran, wobei diese oft abseits der politischen und kulturellen Zentren zu verorten sind. Denken wir nur an die Ardennen von Pierre Bayle, das Lothringen Voltaires und die Westschweiz Jean-Jacques Rousseaus. In Deutschland war die Situation ähnlich:

Leibnitz und Lessing wirkten im kleinen Wolfenbüttel, Thomasius und Wolf im damals noch kleineren Halle. Die Distanz zur Macht scheint der neuen Bewegung gut getan zu haben.

Wie die beiden Nachbarstädte Kehl und Straßburg im ersten Drittel des 18. Jahrhunderts aussahen, veranschaulichen die beiden Reliefpläne von François Ladevèze im Straßburger Historischen Museum (1727) und von Julius Gutekunst in der Kehler Stadthalle (1954). Sie zeigen eine massiv militarisierte Landschaft, die im Scheinwerferlicht der Weltgeschichte stand und für das zarte Flämmchen der Frühaufklärung keinen Platz ließ. Nicht Schriftsteller, sondern Soldaten bestimmten das Bild. Und schon bald hatten sie mehr zu tun, als ihnen lieb war. Gleich im ersten Jahr des vermeintlich aufgeklärten 18. Jahrhunderts brach der Spanische Erbfolgekrieg aus, der sich zu einem europäischen Krieg auswuchs. Einer seiner ersten Schauplätze war Kehl, das nach nur 20-tägiger Belagerung fiel und bis zum Ende des Kriegs in französischer Hand blieb.

Nach der Rückkehr zum Reich (Friede von Baden im Argau) kam der Handel über den Rhein langsam wieder in Gang, auch der mit Büchern. Es waren häufig in Frankreich verbotene Titel, die in Kehl gedruckt und von dort über die Grenze geschmuggelt wurden. Noch kurz vor seinem Tod erklärte Jean-Baptiste de Klinglin, der 1706-25 königlicher Prätor von Straßburg war, französische Zensurgesetze seien in seiner Stadt nicht umsetzbar, »weil alle verbotenen Schriften umso sicherer in Kehl gedruckt wurden« (Dittler:1973, S.184). Freilich handelte es sich dabei nicht um Hochliteratur, sondern oft um Erotica. Doch in Kehl entstand auch ein Buch mit moralischem Anspruch: die »Soldaten=Postille«[50] (1731/33) von **Johann Friderich Flattich** (1696-1736).

Seit 1726 war Flattich evangelischer Militärgeistlicher in der Kehler Festung. Die Gottesdienste feierte er in einem umgebauten Raum der alten Offizierskaserne, die der katholischen Kirche gegenüber stand. 42 seiner Predigten (für die Zeit vom Ersten Advent bis Himmelfahrt) ließ er auf eigene Kosten bei Heinrich Röbel in Tübingen drucken, einem in evangelischen Kreisen sehr angesehenen Verleger. Das 676 Seiten umfassende Werk enthält außerdem ein

Vorwort von Christoph Matthias Pfaff (1686-7760)[51] sowie die Antrittspredigt Flattichs. Die Länge des Titels ist noch typisch barock, die darin formulierten Ziele dagegen bereits aufklärerisch:

> Die Sonn= Fest= und Feyertags=Evangelia deutlich erkläret / Die Pflichten der Kriegs=Leute daraus bewiesen / Die Atheisterey / Indifferentisterey / und das profane Leben der Soldaten / und alle Höhe / die sich erhebt wider das Erkantniß Gottes / Aus Gottes Wort / der gesunden Vernunfft / den H. Kirchen=Vättern / und den Symbolischen Büchern der Evangelischen Kirche bestritten werden. Zu Beförderung eines rechtschaffenen Christentums herausgegeben und verstöret / Mit einer Antritts=Predigt / und Vorrede Herrn Christoph Mathäi Pfaffen / Der H. Schrift Doctorn / und Professorn / der Universität Tübingen Cantzlern / der Kirche daselbst Probsten / und Abbten zu Lorch. Mit einem Nöthigen Vorbericht / Historischen und Systematischen Register, Zugabe einer Commandanten=Predigt.

Flattich ist Anhänger des Pietismus, einer frühaufklärerischen Strömung, deren Vertreter für ein tätiges Christentum eintraten und sich für die Schwächeren in der Gesellschaft einsetzten: die Landbevölkerung im Allgemeinen, die Kinder im Besonderen (es gab viele Kriegswaisen), aber auch die einfachen Soldaten. Zwar spricht sich Flattich schon im Titel seines Buches gegen bestimmte Tendenzen der Aufklärung aus (Atheismus, Freidenkertum), argumentiert dabei aber typisch aufklärerisch. Statt mit Höllenstrafen zu drohen, will er »erklären«, »beweisen« und beruft sich neben der Bibel auch auf die »gesunde Vernunft«. Die »Soldaten-Postille« ist somit das typische Produkt einer Übergangszeit, doch ich schätze sie aus einem anderen Grund: Sie eröffnet einen authentischen Blick auf den Kehler Garnisons-Alltag. Wir hören von wilden Trinkgelagen und oft tödlich endenden Duellen, von Deserteuren und ihrer Verfolgung (einer wurde öffentlich hingerichtet) sowie von Prostituierten, die von den Soldaten in die Kasernen geschmuggelt und vom Kommandanten wieder hinausgejagt wurden. Kehls damaliger Spottname »Hurenfestung« dürfte darauf zurückgehen.

Doch die von Flattich beschriebene Friedenszeit war nur kurz, denn 1733 brach der Polnische Thronfolgekrieg aus[52]. Erster

Kriegsschauplatz war wieder einmal Kehl, dessen Festung nach nur 8-tägiger Belagerung erneut an Frankreich fiel. Immerhin führte die Eroberung zum ersten Auftritt Kehls in der französischen Literatur. Der später als **Marquis d'Argens** (1703-71) bekannt gewordene Schriftsteller Jean-Baptiste de Boyer hatte 1718-21 in Straßburg seine militärische Ausbildung durchlaufen, 1733 kehrte er als Angehöriger eines Kavallerieregiments aus seiner südfranzösischen Heimat an den Rhein zurück. In seinen Memoiren (1735) erwähnt er diese Zeit nur am Rande, doch der Belagerung Kehls widmet er einen ganzen Abschnitt. Sein Spott gilt nicht dem militärisch unterlegenen Gegner, sondern der eigenen Führung:

> Wenige Offiziere waren darauf vorbereitet, in den Krieg zu ziehen. 22 Kompanien waren an Kehl vorbeigezogen; den in Straßburg abgeschlossenen Wetten nach würde es keinen Krieg geben. Doch schließlich wurde der Armee der Marschbefehl erteilt. Wir überquerten diesen Fluss mittels zweier Brücken und die Armee bezog am Abend ihr Lager in einem solchen Durcheinander, dass, hätten die Gegner über eine schnelle Eingreiftruppe verfügt, sie ein oder zwei unserer Quartiere überrannt hätten, ohne dass wir dagegen etwas hätten tun können. Unsere Generäle hatten das Handwerk des Kriegs verlernt, so dass Kehl übergeben wurde, bevor das Lager in Ordnung gebracht werden konnte. Da das Regiment den Graben gestürmt hatte, war ich zur Wache abgestellt worden und vergnügte mich damit, das Bombardement durch eine unserer Batterien zu beobachten. Ein Splitter der zurückschlug hätte mir fast den Daumen abgerissen, doch glücklicherweise kam ich mit einer ziemlich schweren Verletzung davon (Argens:1807, 4. Buch, S.320; Ü: SW).

1734 stürzte d'Argens bei Philippsburg von seinem Pferd und wurde so schwer verletzt, dass er seinen Dienst quittieren musste. Auch **Voltaire** (eigtl. François-Marie Arouet 1694-1778) erlebte diese Belagerung als Beobachter mit. Zwei Jahre später nahmen die beiden Briefkontakt auf, trafen sich im Jahr darauf und wurden Freunde. Dem Bund schloss sich ein Dritter an, der auch in Philippsburg dabei war, allerdings auf der anderen Seite: der preußische Kronprinz und spätere König **Friedrich II.** (1712-86). Im gleichen Jahr wie d'Argens begann auch er mit Voltaire Briefe zu wechseln. 1740 befreundete sich Friedrich auch mit d'Argens, machte ihn zu seinem Kammerherrn (1743) und Direktor der historisch-philologischen Klasse der Preußischen Akademie (1744). Flattich dagegen sollte den Krieg nicht überleben. Nach dem Fall Kehls übernahm er 1734 eine Pfarrstelle in Sindelfingen, wo er zwei Jahre später mit nur 40 Jahren starb.

Don Quijoterien am Rhein

Die erste Auslandsreise des preußischen Königs Friedrich II. führte ihn kurz nach seiner Thronbesteigung nach Straßburg und wurde von ihm selbst in ein Stück Literatur verwandelt. Erst 1914 wurde der französische Text (Description poétique d'un voyage à Strasbourg) unter dem verkürzten Titel »Die Reise nach Straßburg« erstmals ins Deutsche übersetzt, wobei negative Bemerkungen über Deutschland und positive über Frankreich großteils gestrichen wurden. Aus Friedrichs frankophiler Plauderei wurde ein antifranzösisches Pamphlet. Das Original besteht aus einer Mischung von lyrischen und prosaischen Abschnitten, wobei der Ich-Erzähler die politischen Hintergründe der Reise[53] sowie die Identität seiner Reisebegleiter bewusst verschleiert. Aus dem venezianischen Kaufmannssohn Francesco Algarotti, seinem Berater in Kunstangelegenheiten, wird der »forsche Italiener«, aus seinem Bruder August Wilhelm der »jugendliche Graf« und aus Oberst Leopold Alexander von Wartensleben (1710-75) der »große Graf«. Der König selbst tritt unter dem Hugenottennamen »Graf von Dufour« auf, bezeichnet seine Pferde als Nachfahren von Rosinante und stilisiert sich selbst damit zum neuen Don Quijote. Noch Jahre später nennt er sich in einem Brief an Voltaire einen »Don Quijote des Nordens« (2.10.1758).

Im ersten Teil des Textes schildert Friedrich seine Anreise durch ein Deutschland, an dem ihm alles missfällt: das Wetter, die Unterkünfte und das Essen. Letzteres zeige, dass die Zeiten des römischen Meisterkochs Lucullus vorbei seien, ein versteckter Hinweis darauf, dass das Heilige Römische Reich seinem Vorbild, dem antiken

Römerreich, weder in kulinarischer noch in militärischer Hinsicht das Wasser reichen kann. Dies zeigt sich nicht zuletzt in Kehl:

Wo die Besatzung, schlaff und schwach, / So kläglich öffnete die Tore
Gleich nach dem allerersten Krach / Französischer Kanonenrohre[54]

Die Verse spielen auf Kehls Eroberung im Polnischen Thronfolgekrieg an, wobei der Ich-Erzähler mit der französischen Seite zu sympathisieren scheint. Nicht einmal zwei Jahre vor Friedrichs Reise war Kehl an das Reich zurückgefallen, die Spuren von Krieg und Besatzung waren daher noch sichtbar. Friedrichs militärisch geschultem Auge entging der schlechte Zustand der Festung natürlich nicht, eine Passage, die in der deutschen Übersetzung von 1914 fehlt:

Zweifellos erkennen Sie aus dieser Beschreibung Kehl. In dieser schönen Festung, deren Breschen, nebenbei bemerkt, noch immer nicht repariert sind, verlangte der Postmeister unsere Ausweise. (Ü: SW)

Dass die Reisegruppe nach dem Grenzübertritt im Rabenhof (Cour du Corbeau) abstieg, verschweigt Friedrich. Auch die Sehenswürdigkeiten Straßburgs würdigt er mit keiner Silbe, ihn interessiert allein Frankreich. Er empfinde »eine tiefe Sehnsucht, die französische Nation auf französischem Boden kennenzulernen«, doch auch dieser Satz fehlt in der Übersetzung von 1914. Erwähnt werden allerdings Begegnungen mit Offizieren der Straßburger Garnison sowie mit dem (im Text namenlosen) städtischen Gouverneur. Es handelt sich um François-Marie de Broglie (1671-17), nach dem heute die Straßburger »Place Broglie« benannt ist. Auch er soll auf das Rollenspiel des Königs hereingefallen sein, was schwer glaubhaft ist. Erst beim Wachwechsel am Paradeplatz (Place Kléber) soll ein preußischer Deserteur seinen König erkannt haben. Mit der Maskerade endet auch der Text der »poetischen Reise«.

Doch die reale Reise ging weiter und führte Friedrich vom Ober- an den Niederrhein ins (seit 1666) preußische Herzogtum Kleve. Im Schloss Moyland (in den heutigen Niederlanden) traf er am

11.-15. September 1740 erstmals Voltaire, der sich in der Folgezeit zweimal in Potsdam aufhielt: einmal kurz (26.11.-6.12.1740) und einmal etwas länger (1750-53). Nach einem Zerwürfnis mit Friedrich flüchtete Voltaire von dort nach Straßburg, wo er sechs Wochen lang blieb (16.8.-2.10.1753). Erst nahm er sich ein Zimmer in der »Auberge de l'Ours-Blanc« am Paradeplatz (Place Kléber), fünf Tage später übersiedelte er in ein Bauernhaus auf der nördlich von Straßburg gelegenen Villenkolonie »Ile Jars«. Geografischer wie gesellschaftlicher Mittelpunkt war das »Château de l'Ile Jars«[55], wo die Gräfin Marie Ursule de Lutzelbourg (1685-1765) seit 1744 einen politisch-literarischen Salon unterhielt. Natürlich war auch Voltaire dort zu Gast.

Die Wahl Straßburgs war kein Zufall. Die Stadt stand zwar unter französischer Verwaltung, war aber kein integraler Bestandteil des Königreichs, wo Voltaire als unerwünscht galt. Außerdem konnte er sich über die Kehler Poststation (im Gasthof zum Lamm) Bücher beschaffen, die er für ein Auftragswerk der Herzogin Luise-Dorothea von Sachsen-Gotha brauchte: eine Geschichte des Heiligen Römischen Reiches (Les annales de l'Empire). Über Voltaires sonstige Aktivitäten in Straßburg geben 17 Briefe Auskunft[56], doch wichtiger ist, dass er hier eine zukunftsweisende Entscheidung traf. Bisher hatte er auf einen Kompromiss zwischen Aufklärung und Feudalismus gehofft, die liberalen Fürstenhöfe in Lunéville (Lothringen), Potsdam (Preußen) und Schwetzingen (Pfalz) hatten ihm Hoffnung gemacht. Doch nun gab er diese Haltung auf, im Schreiben wie im Leben. Nie wieder wollte er ein »höfischer« Dichter sein.

Der alte Armenier und die junge Prinzessin

Neben Voltaire war auch dessen Schweizer Kollege und Konkurrent **Jean-Jacques Rousseau** (1712-78) zeitweise Gast Friedrichs II., allerdings ohne diesen persönlich kennenzulernen. Den Titel eines »Citoyen« von Genf hatte er zurückgegeben, nachdem dort seine Werke verbrannt worden waren. Nach einem Zwischenaufenthalt in Montmorency (heute die Partnerstadt Kehls) erwarb er das

Bürgerrecht der preußischen Grafschaft Neuchâtel (Neuenburg) in der heutigen Westschweiz. Dort ließ er sich 1662 in dem Dorf Môtiers nieder, fand aber nicht die ersehnte Ruhe. Übergriffe der Dorfbevölkerung auf den menschenscheuen Sonderling veranlassten ihn 1765 zur Flucht über die Petersinsel (Bielersee) nach Straßburg. Als er in Begleitung seines Hundes Sultan am 2. November 1765 dort eintraf, dürfte er aufgrund seiner orientalisch anmutenden Tracht, die ein armenischer Schneider für ihn angefertigt hatte, rasch erkannt worden sein.

Wie Voltaire verbrachte auch Rousseau sechs Wochen als Flüchtling in Straßburg, wo er bei Familie Koenig wohnte (Rue de la douane). Und wie dieser begann er hier mit der Arbeit an einem wichtigen Werk, seiner Autobiographie »Les confessions« (Bekenntnisse). Die beiden ersten Teile erschienen posthum 1782 bzw. 1789, ein dritter Teil, der mit Rousseaus Ankunft in Straßburg begonnen hätte, kam nicht mehr zustande. Um seine Straßburger Lebensumstände zu rekonstruieren, sind wir daher auf Briefe angewiesen: »Die Stadt ist groß, schön und stark bevölkert; und es gibt hier viel Militär« heißt es in einem, doch das »liebenswerte und gastfreundliche« Straßburg habe er nicht gefunden, in einem anderen.

Dabei war der Empfang durchaus herzlich. Am 8. und 9. November erlebte Rousseau im Theater am Broglie-Platz die Proben zu seiner Oper »Le devin du village« (Der Seher vom Dorfe), bei der Premiere am 10. November war er als Ehrengast dabei. Obwohl auch er in Frankreich unerwünscht war, suchten die höchsten Staatsbeamten Kontakt zu ihm. Am 9. November empfing ihn der Militärgouverneur Marquis de Contades, fünf Tage später der königliche Prätor François-Marie Gayot[57].

Die interessanteste Begegnung dürfte die mit **Daniel Schoepflin** (1694-1771) gewesen sein, der mit seiner Schwester im protestantischen Stift (Séminaire protestant) wohnte. Mit nur 26 Jahren war er zum Professor für Geschichte und Rhetorik an der Universität Straßburg berufen worden und hatte ihr durch die von ihm begründete Diplomaten- und Historiker-Schule zu europaweitem Ruf verholfen. Besonders machte er sich um die oberrheinische Geschichtsschreibung verdient. 1751 erschien seine

Universalgeschichte des Elsass (Alsatia Illustrata), ab 1760 arbeitete er an einer mehrbändigen Geschichte Badens. Der Totalverlust seines Nachlasses und seiner riesigen Bibliothek (10.000 Bände) im Krieg von 1870 wiegt schwer. Trotz all dieser geistigen Kontakte blieb Rousseau das großstädtische und vom Militär geprägte Straßburg fremd. Am 9. Dezember 1765 reiste er nach England ab, doch sein Geist blieb vor Ort fruchtbar: 1770 entstand aus einer Straßburger Studentengruppe der »Sturm und Drang«, der wesentlich auf seinen Ideen fußt (auch wenn dessen Vertreter sich später nicht mehr daran erinnern wollten). Weitere 15 Jahre später sollte sein Werk in Kehl einen neuen Frühling erleben.

Auch Marie-Antoinette (1755-93) verehrte Rousseau. Als 15-jährige Kindsbraut des späteren französischen Königs Ludwig XVI. reiste sie 1770 von Wien nach Versailles[58]. Nach einer Nacht im Kloster Schuttern (6./7.05.1770) erreichte die junge Erzherzogin von Österreich am nächsten Morgen Kehl, wo die »Übergabe« in einem eigens dafür errichteten Pavillon stattfand. Das Innere schmückten sieben Teppiche von Jean-François de Troy, die Szenen aus der Sage um Jason und Medea zeigten. Laut Euripides und Ovid endete deren Ehe in einem Blutbad: Als Jason Medea verstößt, um eine andere zu heiraten, ermordet diese ihre Nebenbuhlerin, deren Vater und Jasons Kinder, die auch die ihrigen sind. Zwei Autobiografien dokumentieren das Ereignis, deren Verfasser Marie Antoinettes Einzug in Straßburg selbst miterlebten und ihre Erinnerungen daran Jahre später zu Papier brachten. Doch die Perspektive ist eine jeweils völlig andere. Den einen Text verfasste eine Dame von Adel in französischer, den anderen ein Mann bürgerlichen Standes in deutscher Sprache. Wenden wir uns zunächst ersterem zu:

Henriette-Louise de Waldner de Freundstein (1754-1803) war als gebildete Elsässerin in der französischen Literatur genauso zuhause wie in der deutschen (mit Wieland und Goethe stand sie in Briefkontakt). Seit 1776 war sie unglücklich mit Baron Charles Siegfried d'Oberkirch verheiratet, dem späteren Stettmeister von Straßburg. Die Beschreibung ihrer ersten 35 Lebensjahre (1754-89) – die nachrevolutionäre Zeit war ihr keine Zeile wert – wurde erst 1852 in einer (fehlerhaften) englischen Übersetzung und 1853 in einer (gekürzten) französischen Fassung veröffentlicht. Da die Originalhandschrift in den Weltkriegen verloren ging, wurde 1970 aus beiden Texten eine mögliche Urfassung rekonstruiert. Doch selbst in dieser verstümmelten Version bleiben die »Memoiren der Baronin von Oberkirch« ein lesenswertes Zeitdokument. Im dritten Kapitel wird von Marie-Antoinettes Ankunft in Straßburg berichtet:

> Zum Empfang der Erzherzogin hatte man auf der Rheininsel einen dreigliedrigen Pavillon errichtet. Ich weiß nicht, wer darauf kam, darin alberne Wandteppiche anzubringen, die Medea und Jason darstellten, mit ihren Mordtaten und Ehekriegen. Die Prinzessin zeigte sich betroffen, ihre Begleitung genauso.
> - Ah! sagte die junge Thronfolgerin zu ihrer Kammerfrau, seht welche Prognose! (Oberkirch:1970, S.58; Ü: SW)

Wissend um Marie Antoinettes späteres Ende auf dem Schafott, deutet die Autorin die Teppiche als böses Omen, das die späteren »Mordtaten« der Französischen Revolution vorwegnimmt. Ihre Gefühle und Gedanken legt sie der Erzherzogin in den Mund und macht sie damit zur Verkünderin ihres eigenen Untergangs. Anders als Medea, die selbst Täterin war, erscheint Marie-Antoinette allerdings als unschuldiges Opfer. Ein ganz anderes Bild zeichnet **Johann Wolfgang Goethe** (1749-1832) in seiner Autobiografie »Dichtung und Wahrheit«. Sie berichtet von Goethes Jugend (1749-75), entstand in den Jahren 1809-31 und erschien in vier Teilen zu je fünf Büchern (1811, '12, '14 und '33). Die Schilderung des Straßburg-Aufenthalts (4.4.1770 - 6.8.1771) findet sich in den Büchern 9-11, der Grenz-Pavillon wird so beschrieben:

> … mir besonders war dabei das Gebäude merkwürdig, das zu ihrem Empfang und zur Übergabe in die Hände der Abgesandten ihres Gemahls, auf einer Rheininsel zwischen den beiden Brücken aufgerichtet stand. Es war nur wenig über den Boden erhoben, hatte in der Mitte einen großen Saal, an beiden Seiten kleinere […]. Höchst erfreulich und erquicklich fand ich diese Nebensäle, desto schrecklicher aber den Hauptsaal. […] nun aber ein Mißgriff wie der im großen Saale brachte mich ganz aus der Fassung, und ich forderte, lebhaft

und heftig, meine Gefährten zu Zeugen auf eines solchen Verbrechens gegen Geschmack und Gefühl. – Was! rief ich aus, ohne mich um die Umstehenden zu bekümmern: ist es erlaubt, einer jungen Königin das Beispiel der gräßlichsten Hochzeit, die vielleicht jemals vollzogen worden, bei dem ersten Schritt in ihr Land so unbesonnen vor's Auge zu bringen?« (Goethe: 2006, Bd.16, S.393f.)

Zunächst fällt auf, dass der fünf Jahre ältere Goethe nicht andere für sich sprechen lässt, sondern wiederholt und selbstbewusst »Ich« sagt. Dabei sind seine Kenntnisse der höfischen Etikette durchaus begrenzt, denn während Madame d'Oberkirch korrekt von der Erzherzogin, Prinzessin und Thronfolgerin spricht, nennt Goethe Marie-Antoinette fälschlich »Königin«, was sie erst vier Jahre später wurde. Vor allem aber stellt Goethe sie in den folgenden Abschnitten nicht nur als Opfer, sondern auch als Täterin wider Willen dar. Bereits mit ihren ersten Schritten auf französischem Boden wird sie sich schuldig machen, wie wir gleich sehen werden.

»Jene deutsche literarische Revolution« – Sturm und Drang in Straßburg

Nur vier Wochen vor Marie-Antoinette war Goethe in Straßburg eingetroffen. Seine Ankunft beschreibt er in »Dichtung und Wahrheit« folgendermaßen:

Es gab eine Szene, welche, zwar weder getuscht und ausgeglichen, doch meine Reise nach dem schönen Elsaß beschleunigte, die ich denn auch, auf der neu eingerichteten bequemen Diligence, ohne Aufenthalt und in kurzer Zeit vollbrachte.

Ich war im Wirtshaus zum Geist abgestiegen und eilte sogleich, das sehnlichste Verlangen zu befriedigen und mich dem Münster zu nähern, welcher durch Mitreisende mir schon lange gezeigt und eine ganze Strecke her im Auge geblieben war […]. Ich bezog ein kleines aber wohlgelegenes und anmutiges Quartier an der Sommerseite des Fischmarkts, einer schönen langen Straße, wo immerwährende Bewegung jedem unbeschäftigten Augenblick zu Hülfe kam. (Goethe:2006, Bd.16, S.384-86)

Die »Szene« war ein Streit Goethes mit seinem Vater, die Abreise von Frankfurt wird so zur Abkehr von der Väterwelt. Zunächst bleibt er seiner Rolle eines Bürgersohns aus gutem Hause zwar noch treu und reist nicht mit der Postkutsche, sondern der teureren »Diligence«. In Straßburg bezieht er ein Zimmer in einem eleganten Gasthaus direkt am Staden (7 Quai St-Thomas) und erfüllt umgehend seine bildungsbürgerliche Pflicht: eine Besichtigung des Münsters. Noch ist alles »comme il faut«. Doch dann bricht Goethe plötzlich aus dieser Rolle aus und bezieht ein Quartier in einem dezidiert volkstümlichen Viertel (36 Rue du vieux marché aux poissons), wo »immerwährende Bewegung« herrscht. Dort taucht er ein in das bunte und vielsprachige Leben einer Großstadt. Auf dem Fischmarkt unter seinem Fenster hört er Elsässisch. Im schräg gegenüber gelegenen Theater über dem Café de la Mauresse (»Zum Mörlin«) werden Volksstücke in deutscher Sprache aufgeführt. An der Universität wird das Lateinische gepflegt, das Goethe »geläufig sprach und schrieb«[59]. Mit den beiden Töchtern seines Tanzmeisters spricht er dagegen »nur französisch« (Goethe:2006, Bd.16, S.422) und schreibt beim Einzug Marie-Antoinettes sogar ein französisches Gedicht:

> Der schönen und vornehmen, so heitren als imposanten Miene dieser jungen Dame erinnere ich mich noch recht wohl. Sie schien in ihrem Glaswagen, uns allen vollkommen sichtbar, mit ihren Begleiterinnen in vertraulicher Unterhaltung über die Menge, die ihrem Zug entgegenströmte, zu scherzen [...]. Vor Ankunft der Königin hatte man die ganz vernünftige Anordnung gemacht, daß sich keine mißgestalteten Personen, keine Krüppel und ekelhaft Kranke auf ihrem Wege zeigen sollten. Man scherzte hierüber, und ich machte ein kleines französisches Gedicht, worin ich die Ankunft Christi, welcher besonders der Kranken und Lahmen wegen auf der Welt zu wandeln schien, und die Ankunft der Königin, welche diese Unglücklichen verscheuchte, in Vergleichung brachte. Meine Freunde ließen es passieren; ein Franzose hingegen, der mit uns lebte, kritisierte sehr unbarmherzig Sprache und Versmaß, obgleich, wie es schien, nur allzugründlich, und ich erinnere mich nicht, nachher je wieder ein französisches Gedicht gemacht zu haben.

Kaum erscholl aus der Hauptstadt die Nachricht von der glücklichen Ankunft der Königin, als eine Schreckenspost ihr folgte, bei dem festlichen Feuerwerk sei, durch ein Polizeiversehen, in einer von Baumaterialien gesperrten Straße eine Unzahl Menschen mit Pferden und Wagen zu Grunde gegangen. (Goethe:2006, Bd.16, S. 394f.)

Wieder wird die österreichische Erzherzogin als »Königin« bezeichnet und damit zur Repräsentantin eines Regimes gemacht, dessen Opfer der junge Goethe sieht und auch benennt: die Straßburger Kranken, die man verjagte, und die Pariser Schaulustigen, die getötet wurden (man sprach von 500 Toten). Dabei zielt Goethes Kritik nicht auf Marie-Antoinette persönlich, sondern auf das System, in dem sie zwar nur ein Zahnrad sein wird, dessen destruktives Potential Goethe aber bloßstellt. Dass solche Gedanken letztlich auf eine Revolution hinauslaufen, war auch dem alten Goethe klar. Rückblickend spricht er von einer »literarischen Revolution«, an der er damals mitgewirkt habe. Im 19. Jahrhundert bürgerte sich dafür der ebenso reißerische wie verharmlosende Name »Sturm und Drang« ein[60].

Spannend wird der obige Text auch dadurch, dass sich der junge (das erzählte Ich) und der alte Goethe (das erzählende Ich) keineswegs immer einig sind. Letzterer findet die Anordnung, Kranke und missgestaltete Personen zu verjagen, »ganz vernünftig« und nimmt damit das »alte« Frankreich gegen die Kritik seines jugendlichen Alter Ego in Schutz. Damalige Freunde, die das Gedicht »passieren« ließen, lässt er gar nicht erst zu Wort kommen, wohl aber einen Kritiker, der sprachliche Unzulänglichkeiten anmahnt und damit den Text entpolitisiert. Das als Absage an das »Ancien Régime« gedachte Gedicht wird nachträglich zur Absage an die französische Sprache umgedeutet und damit entschärft: »So waren wir denn an der Grenze von Frankreich alles französischen Wesens auf einmal bar und ledig« (Goethe: 2006, Bd.16, S. 524)[61].

Goethes Rückbesinnung auf die deutsche Sprache vollzog sich laut »Dichtung und Wahrheit« im Kreis der »Tischgesellschaft« in der Pension Lauth (22 Rue de l'ail). Die von den Schwestern Anne Marie und Suzanne Marguerite Lauth betriebene Herberge war ein geselliger Treffpunkt junger Männer, die bürgerlicher Abstammung, protestantischer Konfession und meist Studierende waren. Theologen (Lerse, Herder), Juristen (Wagner, Salzmann) und Mediziner (Weyland, Jung) waren darunter, viele davon waren Elsässer (Weyland, Lerse, Wagner, Salzmann). Der alte Goethe nennt die Mitglieder rückblickend »alle wirklich gut und wohlgesinnt, nur mußten sie ihr gewöhnliches Weindeputat nicht überschreiten« (Goethe:2006, Bd.16, S.387).

Es wurde also viel getrunken, doch an politische Diskussionen kann und will sich der alte Goethe nicht erinnern. Ausführlich würdigt er dagegen **Johann Gottfried Herder** (1744-1803), der den revolutionären Elan der Tischgesellschaft ins Literarische umlenkte. Im Herbst 1770 wollte sich der damals bereits berühmte Theologe und Philosoph in Straßburg einer Augenoperation unterziehen. Wie Goethe stieg er zunächst im Hôtel de l'Esprit ab, später übersiedelte er in die Auberge du Louvre (7 Rue Salzmann). Doch die Behandlung schlug fehl, der geschwächte Herder verbrachte den ganzen Winter in Straßburg und näherte sich in dieser Zeit Goethe und seinem Kreis an. Glaubt man der Darstellung in »Dichtung und Wahrheit«, so warf er drei Funken in die Tischgesellschaft, die deren literarisches Potential freisetzten: das Volkslied, die Gotik und Shakespeare.

Der Begriff des Volkslieds wurde von Herder geprägt, der darunter sangbare (aber nicht unbedingt gesungene), volkssprachliche Poesie verstand. Ob die Autoren berühmt oder unbekannt waren, spielte für ihn keine Rolle, auch nicht deren Sprache. Die meisten von Herder gesammelten Lieder waren nicht-deutschen Ursprungs, wurden von ihm aber in deutscher Sprache veröffentlicht (1778/79). Davon angeregt, zeichnete auch Goethe zwölf Liedtexte aus Elsass-Lothringen auf und verfasste (teils zusammen mit anderen) eigene Dichtungen im Volkslied-Ton: die »Sesenheimer Lieder«[62].

Ausgehend vom Straßburger Münster weckte Herder ferner das Interesse des Kreises an mittelalterlicher Baukunst, mit nachhaltigem Erfolg. Zwei Jahrzehnte später wird Franz Christian Lerse, ehemals Mitglied der Tischgesellschaft und nunmehr Kommandant der Colmarer Nationalgarde, Gemälde Martin Schongauers und den berühmten Isenheimer Altar vor den Revolutionswirren retten. Angeregt von Herder, verfasste Goethe bereits 1771 einen Aufsatz »Von deutscher Baukunst« über die Gotik, den Herder in seinen Band »Von deutscher Art und Kunst« (1773) aufnahm, ein Ritterschlag! Dass beide die Gotik als »deutsch« bezeichnen, befremdet uns heute, doch das Adjektiv bedeutete damals schlicht »zum Volk gehörend«. »Deutsche« Baukunst war in ihren Augen kein nationaler Stil (zumal es eine deutsche Nation noch gar nicht gab), sondern ein aus dem Volk geborener und vom Volk getragener Stil, ähnlich dem (ebenfalls übernationalen) Volkslied. So konnte Herder unter dem Titel »Von deutscher Art und Kunst« auch einen Aufsatz über den englischen (aber »volkstümlichen«) Dichter Shakespeare veröffentlichen, womit wir beim dritten Funken wären.

Die deutsche Shakespeare-Begeisterung wurde zwar von Herder befördert, geht aber auf dessen Zeitgenossen **Christoph Martin Wieland** (1733-1813) zurück[63]. Shakespeares Verzicht auf die aristotelischen Regeln (Einheit von Raum, Zeit und Handlung), seine Hinwendung auch zur jüngeren und eigenen Geschichte sowie seine Vorliebe für »Helden«, die sich an der Gesellschaft reiben und oft an ihr scheitern, faszinierte die jungen Stürmer und Dränger und regte sie zu eigenen Dichtungen an. Einige entstanden zumindest teilweise noch in Straßburg: Lenz' Stücke »Der Hofmeister« (1774) und »Die Soldaten« (1776), Wagners »Kindermörderin« (1776) sowie Goethes »Ur-Götz« und »Ur-Faust«. Auch seine Rede »Zu Schäkespears Tag« wurde wohl hier verfasst. Noch Jahrzehnte später würdigte Goethe in »Dichtung und Wahrheit« Wielands Shakespeare-Übersetzung: »Sie ward verschlungen, Freunden und Bekannten mitgeteilt und empfohlen« (Goethe:2006, Bd.16, S.526). Doch sein Verhältnis zu Wieland war ambivalent, zeitweilig brach er ganz mit ihm. Der Ort dieses Bruchs sollte Kehl werden.

Zeittafel

1704-1714	Französische Besatzung Kehls (Spanischer Erbfolgekrieg)
1731/33	Flattichs »Soldaten-Postille«: Friedensjahre in der »Hurenfestung«
1733-38	Neuerliche französische Besatzung (Polnischer Thronfolgekrieg) / Marquis d'Argens vor Kehl verwundet
1740	»Poetische Reise« Friedrichs II. nach Kehl und Straßburg
1753	Voltaire in Straßburg: Arbeit an »Annales de l'Empire«
1756-59	Auflösung der Kehler Garnison
1765	Rousseau in Straßburg: Beginn der »Confessions«
1770	Mme d' Oberkirch und Goethe erleben den Grenzübertritt von Marie-Antoinette
1770/71	Straßburger Sturm & Drang (Goethe, Herder, Lenz, Jung-Stilling, Wagner)

KAPITEL 7

Im Freiheitshafen
Kehls goldene Jahre

1771 bis 1789

»Launisch, einseitig und ungerecht« – Sturm und Drang in Kehl

Später als die Literatur wurde auch die Architektur in Straßburg und Kehl vom Gedankengut der Aufklärung erfasst. Nicht militärische, sondern hygienische und ästhetische Kriterien traten in den Vordergrund. Für den geplanten Umbau Straßburgs konnte der neue Prätor François-Marie Gayot 1769 den berühmten Architekten und Enzyklopädisten Jacques-François Blondel (1705-74) gewinnen. An die durch verbreiterte Straßen und vergrößerte Plätze im wörtlichen Sinne »aufgeklärte« Stadt erinnerte sich noch voller Bewunderung Goethe in »Dichtung und Wahrheit«. 1773 legte Wilhelm Jeremias Müller (1725-1801) im Auftrag des badischen Markgrafen einen Plan für ein nach ähnlichen Prinzipien umgestaltetes Kehl vor. Noch im gleichen Jahr ließ er ein neues Festungstor errichten, das Kehl nach Frankreich und damit zur Aufklärung hin öffnete.

Der Moment für einen Neuanfang war günstig. Nach dem Abzug der Reichstruppen (1754) hatten sich in der Kehler Festung Handwerker, Fabrikanten und Händler von beiden Rheinseiten niedergelassen. Innerhalb von zwei Jahrzehnten wandelte sich die einst trennende Anlage zu einem grenzüberschreitenden »Gewerbepark«. 1770 wurde Kehl durch die »Dauphine-Straße« zudem mit Wien verbunden, 1771 fiel der Ort an die Markgrafschaft Baden-Durlach (sog. Heimfall) und 1774 (im Krönungsjahr Ludwigs XVI.) erhob sie der neue Landesherr in den Rang einer Stadt. Rechnet man deren Einwohner und die von Dorf Kehl zusammen, so lebten hier fast so viele Menschen wie in Karlsruhe[64]. Innerhalb weniger Jahre wurde so aus einer abweisenden Festungsstadt eine weltoffene und aufgeklärte Kleinstadt, »Klein-Straßburg« und »Freiheitshafen« genannt.

Um den Abfluss von Menschen und Kapital nach Kehl zu stoppen, wies ein königliches Dekret vom September 1773 Straßburger Geschäftsleute an, »kein Magazin oder Niederlag ihrer Kaufmanns-Güter und Waare zu Keel zu haben; wie auch weder directe noch indirecte an diesen Etablissements Theil zu nehmen, noch dieselbige auf einige Art und Weis zu begunstigen« (Dittler:1972, S.189). Ein Edikt von 1777 drohte französischen Druckern in diesem Fall sogar mit dem Entzug ihrer Lizenz. Wie wenig dies fruchtete, zeigt der Fall des elsässischen Kaufmanns Johann Martin Lamey (1736-1826).

1765 hatte er in Lahr die Kaufmannstochter Catharina Charlotte Lotzbeck geheiratet. Zwei Jahre später gründete er mit deren Neffen Carl Ludwig Lotzbeck und einem Partner aus Kehl die Handelsgesellschaft »Schneider, Lotzbeck & Co«. 1768 zog er ins Große Hornwerk der Kehler Festung, übernahm die Leitung der lokalen Firmen-Niederlassung und baute ein Handelsnetz auf, das die Niederlande, die Schweiz sowie Teile Frankreichs und Deutschlands abdeckte. 1771 übernahm er die »Alte Kaserne« für 4.000 Gulden[65]. Am 3. März 1772 wurde sein Sohn **Wilhelm August Lamey** (1772-1861) in Kehl geboren und zwei Tage später in der evangelischen Festungskirche getauft[66]. Er sollte der bedeutendste Dichter werden, den Kehl hervorgebracht hat, doch sein Geburtsort taucht nur einmal in seinem Werk auf.

In dem Gedicht »Der verstummte Sänger« (1807) blickt Lamey auf seine erste Lebenshälfte zurück, in der er dreimal geboren worden sei: 1772 in Kehl (»meine erste Wiege«), 1778 als Franzose (durch den Umzug nach Straßburg) und 1789 als freier Bürger (durch die Französische Revolution). Erst die dritte Geburt ließ ihn zum »Sänger« werden, doch drei weitere Ereignisse ließen ihn wieder verstummen: der Verlust der Muttersprache (durch seinen Umzug nach Paris), die Zerstörung seiner Heimatstadt Kehl im »Heldenkriege«

(der Erste Koalitionskrieg, in dem die Revolution erfolgreich verteidigt wurde) und die Unterdrückung der Freiheit durch Napoleon. Die Strophen 7-9 lauten:

Kehl's Hornwerk, altes, meine erste Wiege
Von and'rer Festen Schutte neu bedekt,
Auf deinen Grund wie viel, im Heldenkriege,
Hat uns'rer Zeit der Leichen hingestreckt!

Verehrter Strom vor dessem dunkelm Rauschen
Der Knabe ernst ergriffen stand,
Wenn darf ich, breithe Flut, dir wieder lauschen,
Gelagert auf dem gold' nen Sand?

Und du, die grüßend mit der Morgenröte
Uns einen schönern Tag verhiess,
Wann, Freiheit, nimmst du wieder die Drommete
Die Frankreichs Auferstehung blies?
(Lamey:1856, Bd.1, S.56)

Im Jahr von Lameys Geburt eröffnete **Johann Michael Macklot** (1728-94) Kehls erste Buchhandlung, zu der auch ein Schreibwarenladen und eine Druckerei gehörten[67]. Der umtriebige Unternehmer aus Frankfurt hatte 1756/57 in Karlsruhe eine Verlagsbuchhandlung sowie die beiden ersten Zeitungen des Landes gegründet: das »Carlsruher Wochenblatt« und die »Carlsruher Zeitung«. Seit 1760 führte er den Titel eines badischen »Hofdruckers«. Durch ein zweites Standbein in Kehl wollte er ab 1772 seine Geschäfte auf die linke Rheinseite ausdehnen. Der Rhein war noch keine Zollgrenze, nach Straßburg bestand eine tägliche Postverbindung und deutschsprachige Zeitungen wurden dort gern gelesen, da die badische Zensur nicht so streng wie die französische war.

Die Kehler Niederlassung ist bemerkenswert, denn in ganz Deutschland gab es damals nur gut 200 Buchhandlungen, vorwiegend in größeren Städten. Möglicherweise wurde bei Macklot im März 1774 die Farce »Götter, Helden und Wieland« gedruckt, auch wenn auf der Titelseite der 32-seitigen Broschüre Leipzig als Verlagsort genannt wird. Doch dies diente ebenso der Tarnung wie das irreführende Titelbild. Es zeigt einen auf einer Wolke sitzenden Engel, doch die Handlung des Einakters spielt nicht im christlichen Himmel, sondern im antiken Totenreich. Auch die Identität des Autors wird verschleiert, doch die ersten Buchstaben der Wörter GOET-ter und HE-lden ergeben seinen Namen: Goethe.

Die Vorgeschichte des Textes führt uns nach Weimar. 1772 machte die jung verwitwete Herzogin Anna Amalia den Dichter und Shakespeare-Kenner Christoph Martin Wieland zum Erzieher ihrer beiden Söhne. In ihrem Auftrag verfasste er 1773 das Opernlibretto »Alceste« (frei nach Euripides). Im gleichen Jahr gründete er mit seinem Freund Johann Georg Jacobi die Literaturzeitschrift »Teutscher Merkur«, in der er fünf »Briefe über Alceste« veröffentlichte. Dass er seine Neubearbeitung über das »abgeschmackte« Original stellte, empörte Goethe zutiefst. Wenn wir seiner Darstellung glauben wollen, schrieb er sich seinen Ärger darüber an einem Sonntagnachmittag in leicht angetrunkenem Zustand von der Seele:

> Wir sahen Wielanden, den wir als Dichter so hoch verehrten, der uns als Übersetzer so großen Vorteil gebracht, nunmehr als Kritiker, launisch, einseitig und ungerecht [...]. Nun hatte Wieland in der *Alceste* Helden und Halbgötter nach moderner Art gebildet; wogegen denn auch nichts wäre zu sagen gewesen [...]. Allein in den Briefen, die er über gedachte Oper in den Merkur einrückte, schien er uns diese Behandlungsart allzu parteiisch hervorzuheben und sich an den trefflichen Alten und ihrem höhern Stil unverantwortlich zu versündigen, indem er die derbe gesunde Natur, die jenen Produkten zum Grunde liegt, keineswegs anerkennen wollte. Diese Beschwerden hatten wir kaum in unserer kleinen Sozietät leidenschaftlich durchgesprochen, als die gewöhnliche Wut alles zu dramatisieren mich eines Sonntags Nachmittags anwandelte und ich bei einer Flasche guten Burgunders, das ganze Stück wie es jetzt daliegt, in Einer Sitzung niederschrieb. Es war nicht sobald meinen gegenwärtigen Mitgenossen vorgelesen und von ihnen mit großem Jubel aufgenommen worden, als ich die Handschrift an Lenz nach Straßburg schickte, welcher gleichfalls davon entzückt schien und behauptete, es müsse auf der Stelle gedruckt werden. (Goethe:2006, Bd.16, S.692f.)

Der von Goethe erwähnte Herausgeber **Jakob Reinhold Michael Lenz** (1751-92) stammte aus dem Baltikum und hielt sich seit Frühjahr 1771 in Straßburg auf. Anfangs arbeitete er als Hofmeister für zwei junge preußische Adlige, die hier ihre Offiziersausbildung absolvierten. Ab 1774 lebte er bei Louise Koenig (10 Place de la cathédrale) als freier Schriftsteller (was Goethe nie wagte). Mit dem Straßburger Verleger Friedrich Rudolf Saltzmann (1749-1821) gründete er die Literaturzeitschrift »Der Bürgerfreund« und den Club »Deutsche Gesellschaft« (auch hier ist »deutsch« nicht national, sondern sozial zu verstehen), den er bis 1776 leitete. Über Vorträge versuchte er dort, die Ideen des Sturm und Drang weiterzuentwickeln. Goethes Text missverstand Lenz als Abrechnung mit der literarischen Vätergeneration und übersah, dass Goethes Bekenntnis zur altgriechischen Vorlage auch eine Absage an den Sturm und Drang bedeutete.

Die Handlung des Stücks ist folgende: Der Götterbote Mercurius begleitet zwei Verstorbene an den Fluss Cozytus, wo der Fährmann Charon sie übersetzen soll. Dort begegnen ihnen der Schatten des Euripides und seine literarischen Geschöpfe Admet und Alzeste. Diese verwechseln den antiken Mercurius mit Wielands »Teutschem Merkur« und beschweren sich über die dort besprochene Neufassung des gleichnamigen Theaterstücks. Daraufhin erscheint Wieland mit einer Schlafmütze auf dem Kopf und muss sich den Vorwürfen persönlich stellen, wobei er eine recht klägliche Figur abgibt.

Der Text war ein Erfolg, noch im gleichen Jahr wurde er zweimal nachgedruckt. Das Echo in der literarischen Welt war jedoch gespalten, nur vom »Teutschen Merkur« kam eine klare Leseempfehlung, die Wieland selbst verfasst hatte. Eine große Geste, die Goethe recht klein aussehen ließ. Erschwerend kam hinzu, dass die beiden sich bald persönlich kennenlernten. 1776 ging auch Goethe nach Weimar und befreundete sich dort mit Wieland, während sein Verhältnis zu Lenz abkühlte. Am Ende stand ein Zerwürfnis, dessen Gründe unbekannt sind. Dass Goethes Groll selbst Jahrzehnte später nicht verklungen war, zeigt das Bild, das er in »Dichtung und Wahrheit« von dem mittlerweile verstorbenen Lenz zeichnet. Es ist eine literarische Hinrichtung auf Raten:

Im 9. und 10. Buch schweigt Goethe ihn zunächst tot, erst im 11. erwähnt er ihn, verleugnet aber ihre Freundschaft: »Wir sahen uns selten; seine Gesellschaft war nicht die meine« (Goethe:2006, Bd.16, S.527f.). Im 14. Buch unterstellt er Lenz »einen entschiedenen Hang zur Intrigue« (ebda, S.633), im 15. Buch interpretiert er den Kehler Druck als feindseligen Akt: »Erst lange nachher erfuhr ich, daß dieses einer von Lenzens ersten Schritten gewesen, wodurch er mir zu schaden und mich beim Publikum in üblen Ruf zu setzen die Absicht hatte« (ebda, S.693). Im 16. und 18. Buch holt Goethe auch zum Schlag gegen den ebenfalls verstorbenen Macklot aus. Dessen Name sei »für einen Schimpfnamen erklärt« worden, seine »räuberischen« Nachdrucke würden als »Makloturen« verlacht (ebda, S. 719, 762)[68].

Der Bücherfabrikant Caron de Beaumarchais

Seit 1969 wird im Kehler Stadtarchiv ein bedeutender Bücherschatz aufbewahrt: eine in Kehl gedruckte Ausgabe von Voltaires Werken, die methodisch und technisch völlig neue Maßstäbe setzte. Sie entstand am Vorabend der Französischen Revolution in der damals größten und modernsten Druckerei des Kontinents und stiftete dem vielfach verfemten Dichter Voltaire ein zeitloses und wahrhaft europäisches Denkmal: gedruckt auf deutschem Boden mit französischem Geld, englischer Technik und Fachkräften aus dem ganzen Kontinent. Von der katholischen Kirche wurde diese »Bücherfabrik« erbittert bekämpft, von Fürsten, Königen und Dichtern dagegen vielfach besucht und teils enthusiastisch gefeiert.

Unsere Geschichte beginnt im Pariser Wohnhaus von **Charles-Joseph de Panckoucke** (1736-98). Kurz vor seinem Tod verkaufte Voltaire dem mit ihm befreundeten Verleger seine Manuskripte, Briefe und die mit Korrekturen und Anmerkungen versehenen Bände früherer Werkausgaben. **Jacques Joseph Marie Decroix** (1746-1826) aus Lille (Panckouckes Heimatstadt) entwarf den Plan zu einer Neuausgabe und bereitete die Dramen-Bände vor. Um die historischen Schriften kümmerte sich ab 1778 der Philosoph Marie Jean Antoine Nicolas Caritat, besser bekannt als **Marquis de Condorcet**

(1743-94). Doch da Panckoucke keine eigene Druckerei besaß, kam das Projekt nicht voran.

Am 3. März 1778 reiste der todkranke Voltaire nach Paris. Bei einer Aufführung seines Stücks »Irène« lernte er am 1. April 1778 **Pierre-Augustin Caron de Beaumarchais** (1732-99) kennen, damals einer der reichsten und einflussreichsten Männer Frankreichs. In einem Brief an Nikolai Jussupow (12.11.1791) wird Beaumarchais später behaupten, Voltaire habe ihn damals gebeten, Panckouckes Projekt zu übernehmen. Belegen lässt sich dies ebenso wenig wie die in dem Brief genannte Summe von 3 Millionen Livres[69], die er in das Projekt investiert haben will. Jedenfalls gründete Beaumarchais kurz nach Voltaires Tod die »Société littéraire et typographique« (SLT), deren »correspondant général« und wohl alleiniger Investor er selbst war. Nachdem Graf von Maurepas, damals französischer Staatsminister, die Duldung des Projekts durch König Ludwig XVI. erwirkt hatte (Dittler:1972, S.188), erwarb Beaumarchais am 25. Februar 1779 für rekordverdächtige 160.000 Livres die Rechte an Panckouckes Sammlung[70]. Zu den bisherigen Herausgebern Decroix und Condorcet stieß nun als Dritter Beaumarchais' Assistent **Nicolas Ruault** (ca. 1742-1828).

Wie die Redaktion (Paris und Lille) wurde auch die Produktion dezentral aufgebaut. 1779 erwarb Beaumarchais drei lothringische Papiermühlen: zwei bei Epinal (Arches und Archettes) und eine bei Plombières. Für den Druck favorisierte er Großbritannien, wo sein englischer Agent Farquharson am 11. Dezember 1779 Sarah Eaves in Birmingham für lächerliche 3.700 Pfund Sterling die Druckerei ihres verstorbenen Mannes **John Baskerville** (1706-75) abkaufte. Dieser war Direktor der Cambridge University Press und einer der berühmtesten Drucker seiner Zeit gewesen[71]. Doch da Frankreich in Amerika Krieg gegen Großbritannien führte, entschied man sich für einen deutschen Standort.

Zur Auswahl standen Saarbrücken, Trarbach, Neuwied, Frankfurt und Kehl, das mit seiner geräumigen Festung und seiner Nähe zu Frankreich besonders geeignet schien. Im April 1779 nahm **Jean-François Le Tellier**, Beaumarchais' designierter Generaldirektor, Kontakt mit dem Karlsruher Hof auf[72]. Das markgräfliche Paar fühlte sich Voltaire und seinen Ideen verbunden und steuerte selbst Texte zur Werkausgabe bei (Voltaires Briefe an Markgräfin Caroline Luise im Band 66). Aber aus Sorge vor diplomatischen Verwicklungen mit den Höfen von Versailles, Wien, Potsdam und St. Petersburg zogen sich die Verhandlungen eineinhalb Jahre hin[73].

Im Dezember 1780 wurde endlich der Pachtvertrag unterzeichnet und das Druckprivileg erteilt[74]. Gleichzeitig wurden in Birmingham 34 Kisten mit Baskervilles Materialien über die Nordsee und den Rhein Richtung Kehl verschifft, wo sie im September 1781 eintrafen. Dort hatte Le Tellier unterdessen das Festungsgelände nebst der »Reuter-Caserne« auf dem Großen Hornwerk in Beschlag genommen[75]. 36 Druckerpressen standen zur Verfügung, während die größte Druckerei Straßburgs über lediglich fünf und die größte Wiens über nur 26 Geräte verfügte[76]. Auch technisch und logistisch ging die SLT neue Wege. Sie gehörte zu den ersten Betrieben Europas, die Velinpapier herstellten und verarbeiteten[77]. Da auch viele andere für die Buchproduktion nötige Schritte in Kehl gebündelt wurden, sprach man von »der Bücherfabrik«.

Ein Beschäftigten-Verzeichnis vom 1. September 1784 nennt 117 Angestellte: je fünf im Büro und in der Setzerei, sieben in der Papierabteilung, acht in der Buchbinderei, 14 in der Gießerei und 78 in der Druckerei. Dazu kamen 50 Frauen und Kinder als Hilfskräfte sowie diverse Familienangehörige. Insgesamt dürften bis zu 500 Menschen aus ganz Europa in der Festung gelebt haben: Belgier, Österreicher, Italiener, Schweizer, Deutsche (ein Fünftel) und Franzosen (über die Hälfte)[78]. Arbeitssprache war Französisch, Umgangssprache daneben wohl auch Deutsch. Denn fast jeder dritte Franzose stammte aus Lothringen oder dem Elsass, jeder zweite Schweizer aus einem deutschsprachigen Kanton.

Unter den Deutschen befanden sich neun Kehler (meist Lehrlinge), 22 Mitarbeiter (Deutsche und Franzosen) waren zudem mit einer Kehlerin liiert oder verheiratet. Die Belegschaft war demnach gut integriert und zumindest die Männer gut bezahlt, zumal sie Steuerfreiheit genossen. Die Lebens- und Arbeitsbedingungen waren freilich hart, denn der als »Tyrann von Kehl« bekannte Le Tellier führte ein strenges Regiment. Auch waren die Unterkünfte in den alten Kasernen feucht, dazu kamen der Lärm der Maschinen und der Gestank der als Kloake dienenden Festungsgräben. Etliche Todesfälle lassen auf grassierende Infektionskrankheiten schließen (Gil:2018: S.309, 357f.). Immer wieder sprangen einzelne Mitarbeiter ab, einer sorgte für einen Eklat:

Im Juni 1781 waren die ersten für den Druck aufbereiteten Voltaire-Texte aus Paris eingetroffen, ein Jahr später lagen bereits die ersten Bände vor, doch die Auslieferung unterblieb. Die Erklärung dafür liefert eine 39-seitige Schmähschrift, die in den Straßen Kehls auslag. Dieser anonyme »Brief eines Elsässers an seinen Freund, der die vollständige und mit Baskerville-Lettern gedruckte Werkausgabe Voltaires subskribiert hat«[79] verspottet den »typografischen Embryo« Le Tellier und die technischen Mängel des Erstdrucks. Schwärze, Pressen und Lettern hätten nicht annähernd die Qualität Baskervilles, der Satz sei nachlässig ausgeführt und voller Fehler. Verfasser war wohl der Schriftsetzer Lamy, der früher für die SLT, mittlerweile aber für **Pierre Chanson** arbeitete. Dieser hatte sich im März 1781 in Kehl niedergelassen, das Bürgerrecht erworben und eine weitere Buchhandlung nebst Druckerei eröffnet[80].

Schwerer schadeten der SLT Le Telliers Veruntreuungen. Am 1. September 1783 schloss er mit dem Kehler Buchdrucker Bärstecher einen privaten Gesellschaftsvertrag. Künftig war er an dessen Unternehmen mit einer Einlage von 9.000 Gulden beteiligt, von denen allerdings 5.000 aus der Betriebskasse stammten. Für Auslagen seiner Frau entnahm Le Tellier weitere 14.000 Livres, in der Abschlussbilanz fehlten aber 250.000! Als der Buchhalter Cantini am 5. Oktober 1784 mit weiteren 500.000 Livres verschwand, war das Maß voll: Am 20. Dezember 1784 wurde Le Telliers Arbeitsvertrag aufgelöst, Anfang 1785 übernahm der einstige Kriegskommissar **Jacques-Gilbert de la Hogue** dessen Posten in Kehl[81]. Durch seine diplomatischere Art gelang es ihm, verlorenes Vertrauen wiederherzustellen, doch fachlich war er Le Tellier unterlegen. In den »Briefen eines reisenden Deutschen« (1789) schreibt Theophil Friedrich Ehrmann dazu:

> Man hat mich versichert, daß durch allerlei Künste der Arbeiter, durch Nachlässigkeiten, besonders im Packen, durch die Unerfahrenheit des Direktors

de la Hocque, der von Buchhandel und der Buchdruckerei auch nicht das Mindeste versteht, mehr zu Grunde geht, als der Gewinn betragen kann. (Dittler:1972, S.219)

Zu den internen Problemen kam ein feindseliges Umfeld. Zwar profitierte Kehl wirtschaftlich von dem Großbetrieb, nicht zuletzt Gastronomie und Fuhrbetriebe. Doch die hohen Löhne und steuerlichen Privilegien der Neu-Kehler sowie deren Erfolge beim weiblichen Geschlecht sorgten für wachsenden Neid. Beim badischen Amtmann August Benjamin Friderich Strobel[82] gingen daher häufig Beschwerden ein, mal wegen Verstößen gegen die Sonntags- und Nachtruhe, mal wegen neu gezogener Zäune und Gräben rund um das Festungsgelände. Doch der stärkste Gegenwind kam aus Frankreich: Bereits im März 1781 forderte der Pariser Gerichtshof (sog. Parlement) ein Verbot der Voltaire-Ausgabe, im September schloss sich die theologische Fakultät der Sorbonne dem Verdikt an. Es folgten Hirtenbriefe der Bischöfe von Amiens und Vienne (1781), Straßburg (1782), Arles und Paris (1785), in denen allen, die die Bände berührten oder gar weitergaben, mit Exkommunikation und Höllenstrafen gedroht wurde (Diehl:1925, S.56). In einem Bericht vom 21. Juni 1782 warf Jacques Anisson-Duperron, designierter Direktor der königlichen Druckerei, der SLT »Amateurismus« vor[83], was ihren Ruf in Frankreich nachhaltig schädigte. 1785 verbot der König das Projekt per Dekret (Gil:2018, S.479), 1786 wurden die Zensurregeln für Straßburg erheblich verschärft. Ab sofort unterlagen alle Buchhandlungen, Druckereien, Leihbibliotheken und Zeitungslesesäle der strengen Kontrolle eines Bücherinspektors und zweier »Censores librorum«.

Doch Beaumarchais hatte vorgesorgt. Um ein Vertriebsverbot zu umgehen, hatte er 6.000 Exemplare für Subskribenten reserviert, gewann aber nur 2.000. Um das Werbeverbot zu unterlaufen, schickte er 43 Agenten ins Land und schaltete Anzeigen in der Auslands-Presse (Gil:2018, S.516). 1784 wurden die ersten Bände nach Deutschland ausgeliefert, Anfang 1785 rollten die ersten Bücherpakete auch über den Rhein. Am linken Ufer wurden die Ballen als Transitgut deklariert und von den Zollbeamten versiegelt. Der

Direktor der Straßburger Zensurbehörde fertigte zwar ein Protokoll an, doch das Öffnen der Ballen war ihm nicht mehr erlaubt[84]. In Orléans wurden sie dennoch über ein Jahr festgehalten. Bald nach ihrer Freigabe im April 1786 erschienen in Gotha und in Basel Raubdrucke, woraufhin der Verkaufspreis um über die Hälfte einbrach. Wirtschaftlich war das Projekt daher ein Flop, kulturell jedoch ein Meilenstein.

Ursprünglich waren drei Varianten vorgesehen: eine 30-bändige Luxusausgabe im Quart-Format, eine 70-bändige Studienausgabe im Oktav-Format (Le grand Voltaire de Kehl) und eine 92-bändige Volksausgabe im Duodez-Format (Le Voltaire des cuisinières)[85]. Die Quart-Ausgabe wurde nach nur zwei Bänden aufgegeben, die Oktav-Ausgabe erschien in einer Auflage von 28.000 und die Duodez-Ausgabe in einer von 15000 Exemplaren. Die heute klassische Oktav-Ausgabe besteht aus drei Teilen: Die ersten 15 Bände enthalten Voltaires Versdichtungen[86], gefolgt von 36 Bänden mit Prosatexten[87] . Die letzten 19 Bände enthalten ca. 4.500 Briefe[88] sowie eine von Condorcet verfasste Voltaire-Biografie (Band 70). Da er zu jedem der 70 Bände das Vorwort und außerdem einen großen Teil der insgesamt 2.260 Fußnoten verfasst hat, kann er als »Seele« der Ausgabe gelten.

Natürlich darf man das Ergebnis nicht mit einer kritischen Ausgabe von heute vergleichen. Die Herausgeber wollten den vielfach verfemten Autor nicht hinterfragen, sondern ihm ein literarisches Denkmal errichten, das zwar nicht den vollständigen, aber doch (wie Condorcet im Vorwort schreibt) den »ganzen« Voltaire zeigt: den Dichter, Philosophen und Menschen[89]. Um Konflikte zu vermeiden, wurden viele Polemiken Voltaires sowie Anspielungen auf lebende Personen von den Herausgebern gestrichen. Auf Anweisung von Katharina II. mussten ferner 49 Briefe aus ihrer Korrespondenz mit Voltaire entfernt werden, nur die Duodez-Ausgabe enthält alle 205 Briefe. Trotz des ausdrücklichen Verbots wurde in beide Ausgaben aber der »Candide« und die »Pucelle d'Orléans« aufgenommen, was die Zensur offenbar nicht bemerkte.

Neben Voltaire druckte die SLT noch andere klassische und aufklärerische Werke, darunter Einzelausgaben von Boileau, Brizard,

La Bruyère, de Mably, Molière, Beaumarchais und dessen Schwester Julie Caron. Eine französische Wieland-Übersetzung, italienische Oden von Vittorio Alfieri, lateinische Texte Vergils und zwei Sammlungen mit Klavierstücken (darunter eine Vertonung von Klopstocks »Frühlingsfeier«) unterstrichen den gesamteuropäischen Ansatz. Dazu kam eine 34-bändige Rousseau-Ausgabe, die mit der gleichzeitig in Genf erscheinenden Edition konkurrierte (1780-88) und unter exakt dem gleichen Titel erschien. Im Unterschied zu dieser konnte die Kehler Fassung aber nicht auf Rousseaus Original-Manuskripte zurückgreifen, dazu kamen inhaltliche Mängel. Das bedeutendste Vermächtnis der SLT bleibt daher der »Große Voltaire von Kehl«.

Ein virtuelles Gästebuch

In deutlichem Kontrast zu den Angriffen gegen die SLT seitens der katholischen Kirche und des französischen Staats stehen die begeisterten Stimmen zahlreicher, oft namhafter Besucher aus dem Reichsgebiet. Interessanter als die adlige Prominenz[90] finde ich Journalisten und Schriftsteller, die ihre Eindrücke in Literatur verwandelten. Zusammengestellt ergeben sie eine kleine Anthologie bzw. ein virtuelles Gästebuch der »Bücherfabrik«. Vier »Einträge« möchte ich herausgreifen, beginnend mit dem eines anonymen Korrespondenten der Leipziger Monatsschrift »Deutsches Museum«. Am 19., 20., 21. und 23. April 1781 sandte er einen vierteiligen Bericht einer Reise an den Oberrhein ein. Im dritten Teil wird die SLT als völkerverbindendes Friedenswerk gefeiert:

> Sobald man die eigentliche Rheinbrücke passirt hat, tritt man in das sogenannte Hornwerk von Kehl, das ehemals die Festung ausmachte [...]. Die Festungswerke von Kehl reißt – Voltaire nieder. So hat also dieser außerordentliche Mann, auch nach seinem Tode noch Einfluss auf die deutschen Festungen! Es wird Ihnen bekannt sein, daß eine Gesellschaft, hauptsächlich von Großen in Frankreich, die prächtigste und vollständigste Ausgabe von Voltaires Werken unternommen hat. An ihrer Spitze steht der

rastlose und reiche Beaumarchais [...]. Den Kehlern ist es übrigens erwünscht. Sie meinen, im Fall eines entstehenden Kriegs würde Voltaire sie mehr schützen, als eine starke Garnison in dem ehemaligen Hornwerke. (N. N.:1781, S.261-266)

Ähnlich positiv fällt das »Schreiben an den Herrn Geheimen Rath Dohm, die Buchdruckerei in Kehl betreffend« aus, das **Karl Heinrich Frentzel** (1758-1824) im November 1784 ebenfalls im »Deutschen Museum« veröffentlichte (Dohm war bis 1778 Mitherausgeber). Auf 17 Textseiten stellt der Autor seiner Leserschaft die SLT vor, die zum »Nahrungsquell« eines neuen und schöneren Kehls geworden sei und »wahrscheinlich dereinst in der Geschichte der Wissenschaften Epoche machen wird«. Hier ein Auszug daraus:

Die Natur der Sache selbst erforderte, daß der Ort, wo diese weitläufige Anstalt errichtet würde, in der Nähe von Frankreich sein mußte, und er mußte so gelegen sein, daß man von da aus den Transport mit leichter Mühe in alle Theile von Europa befördern konte. Dazu war kein Ort gelegener und bequemer, als Kehl, der letzte auf der großen Straße von Deutschland nach Frankreich. Wenn man die Lage dieses Orts betrachtet, so muß man gestehen, daß zur Einrichtung einer solchen Anstalt keiner glücklicher gewählt werden konte.
Daß Kehl durch diese Anstalt ungemein gewinnen und empor kommen muß, würde ein Reisender auch denn schon vermuthen, wenn er auch nicht wüßte, daß ein so grosses Werk in diesem Orte errichtet sei. So viele neue Häuser und Anlagen, die man hier erblickt, bringen einen sogleich auf den Gedanken, daß die Stadt vor kurzem irgend einen neuen Zufluß und Nahrungsquell erhalten habe. Die Anzahl der Einwohner hat sich ganz sichtbar vermehrt, und die nothwendige Verbindung der Anstalt selbst mit dem nahe dabei liegenden Strasburg zieht viel Personen des Verkehrs und des Gewerbe halber hieher.
Und so sieht man denn mehrere sehr artige Gasthöfe und Kaffees in dem sonst kleinen und ehemals so ganz verachteten Kehl sich erheben, und der Einwohner von Strassburg belustiget sich oftmals in dem so schönen und angenehmen Spaziergange unter den Pappeln und Linden am Rhein.
(Frentzel:1784, S. 432-449)

1785 reiste **Johann Heinrich Campe** (1746-1818), einer der Begründer der Jugendliteratur, von Hamburg an den Oberrhein. 1787 erschienen seine Erinnerungen daran im Band II seiner 18-bändigen »Sammlung interessanter und durchgängig zweckmäßig abgefaßter Reisebeschreibungen für die Jugend« (1786-1801). Anders als bei Frentzel ist der erste Eindruck von Kehl nicht sehr positiv:

Kehl hat eine eben so traurige als ungesunde Lage. Die ganze Gegend ist morastig. Dies und die französische Unsauberkeit, welche an diesem Grenzorte herrscht, machen, daß fast jeder Fremde, der sich hier eine Zeitlang aufhält, mit einem Fieber dafür büßen muß. So krank ich auch daher am folgenden Morgen war, so beschloß ich doch nicht länger hier zu bleiben, sondern mich nach Straßburg fahren zu lassen. Aber in Kehl gewesen zu sein, ohne die große Bücherfabrik des Herrn von Beaumarchais gesehen zu haben! Das würde ich, dachte ich, in der Folge mir kaum vergeben können. (Campe:1793, S.277)

Zu Kehls Ehrenrettung sei gesagt, dass sich Campe vor seiner Ankunft eine Darminfektion zugezogen hatte. Die Rheinschnaken, die ihn nicht schlafen ließen, trugen auch nicht zur Besserung seiner Laune bei. Dass er auf den Besuch der »großen Bücherfabrik« dennoch nicht verzichtete, zeigt, dass sich der einstige Geheimtipp zu einem touristischen Highlight entwickelt hatte:

Diese einzige Fabrik in ihrer Art, ist in der eigentlichen ehemaligen Citadelle angelegt, und füllt die sämtlichen Gebäude derselben an […].
Eine so ansehnliche Druckerei, als diese ist, hat, so viel ich weiß, noch nirgends existirt. Es ist ein sehenswürdiges Schauspiel, hier in einem langen und weiten Raume über dreißig Pressen, dort in einem eben so großen Saale eben so viele Setzer beschäftiget zu sehen. In andern Räumen liegen erstaunlich große Papiervorräthe, und wiederum in andern die schon fertigen Verlagsexemplare. Hier werden die abgedruckten Bogen zusammengelegt, dort sind eine Menge Menschen mit Versendungen beschäftiget. Man sieht eine eigene Schriftgiesserei, eine eigene Buchbinderei, u. s. w. Kurz alles, was zu einer vollständigen Bücherfabrik gehört, findet sich hier zusammen […].
Ich sahe hier unter andern ein Exemplar der Voltairischen Schriften auf das schönste Pergament für die russische Kaiserin gedrukt, welches 40,000

Liv. kosten soll. Etwas Prächtigeres und Vollendeteres ist, glaube ich in dieser Art wohl noch nie gesehen worden. Pergament so weiß wie Schnee; Buchstaben, so scharf und zierlich, als wären sie in Kupfer gestochen, und eine Druckerschwärze, gegen welche die andere beste Schwärze nur grau zu seyn scheint! Der äussere Band wird der Schönheit des Innern entsprechen, und das Ganze wird ein Meisterstük von typographischer Kunst und – Ueppigkeit seyn. (Campe:1793, S.277-279)

Auch **Theophil Friedrich Ehrmann** (1762-1811) sammelte und verfasste Reiseberichte, allerdings für Erwachsene. 1788-1803 lebte der gebürtige Straßburger mit seiner Frau, der Schauspielerin und Schriftstellerin Marianne Brentano, in Stuttgart, seine letzten Lebensjahre verbrachte er in Weimar. Im Revolutionsjahr 1789 erschien sein anonymer (frankophiler) Briefroman »Briefe eines reisenden Deutschen an seinen Bruder in H***«. Seiner Ansicht nach habe in Straßburg unter französischer Herrschaft »Wohlstand, Nahrung, Kunstfleiß und jedes Gewerb« zugenommen, die »gemilderte Monarchie« Frankreichs biete sogar mehr Freiheiten »als die verlorene republikanische reichsstädtische Verfassung« (Ehrmann:1789, S.128, 316). Kehl sei zwar noch nicht so weit entwickelt, doch seine Internationalität und Willenskraft erinnern ihn an das frühe Rom:

Seine Bewohner leben beinah einzig und allein von der Durchfuhr. Auch besteht der größte Teil derselben aus Leutchen, die um Schulden oder anderer Kleinigkeiten dieser Art willen, ihr undankbares Vaterland verließen, und über die Rheinbrücke hinüber marschierten. Für solche Leute ist Kehl ein Asylum, und es hat darin eine große Ähnlichkeit mit der Entstehung Roms, ob es aber auch einst dem halben Erdteil gebieten werde, steht zu erwarten; an gutem Willen mag es dem Völkchen nicht fehlen […]. Was nun die Beaumarschaische Druckerei betrifft, so muß ich Dir sagen, liebes Brüderchen, daß beinahe alles, was Sage von ihrer Größe, ihrem Glanz und ihrem großen Kostenaufwand in Deutschland herumträgt, völlig wahr und begründet ist […]. Kurz, diese Druckerei ist die glänzendste und geschmackvollste Bücherfabrike, die je existiert hat. (Ehrmann:1789, S.85ff.; Dittler:1972, S.189f.)

Der Brückenbauer Johann G. Bärstecher

Mit der »Gelehrten Zeitungs-Expedition« (GZE) von **Johann Gottlieb Bärstecher** (1749-1802?) gab es 1782-90 in Kehl noch eine weitere Verlagsdruckerei. Mit 18 Mitarbeitern und sechs Druckerpressen war sie zwar deutlich kleiner als die SLT, aber immer noch deutlich größer als die größte Druckerei Straßburgs. Außerdem expandierte das Unternehmen rasch. 1788 bezifferte Bärstecher die Anzahl seiner Mitarbeiter bereits mit 36 (GLA 207 Nr. 334) und träumte davon, irgendwann die SLT zu übertreffen: »Und das Etablissement wird doch wichtiger mit der Zeit als das Beaumarchaissche in Kehl!« (Dittler:1972, S.213)

SLT und GZE waren eng miteinander verbunden. Bereits 1783 stieg Le Tellier bei Bärstecher als Gesellschafter ein, sein Nachfolger de la Hogue setzte die Partnerschaft ab 1785 fort. Die GZE erhielt dadurch frisches Kapital, die SLT gewann einen Partner, der ihre Publikationen in Deutschland, den Niederlanden und der Schweiz vertrieb. Außerdem konnte die SLT so das Verbot umgehen, deutsche Texte zu drucken. Damit wurde Bärstecher auch für Macklot zum gefährlichen Konkurrenten. Ehrmann schreibt dazu:

> Er ist zu Macklots größtem Verdruß Markgräfl. Badenscher Hof- und Kanzleibuchdrucker geworden, und druckt auch – welches diesen noch mehr schmerzte – eine Zeitung unter dem Titel: Der oberrheinische hinkende Bot, welche recht guten Abgang findet, da sie wirklich unter die guten Zeitungen gerechnet werden darf, und besonders den Vorzug hat, daß sie die französischen Neuigkeiten sehr frühe bringt; sie tat deswegen auch der Macklotschen Zeitung vielen Abbruch. (Dittler:1972, S.215f.)

Bärstecher stammte vom Niederrhein und ließ sich 1782 unter dem Namen eines »J. G. Müller, älteren« auf dem Großen Hornwerk in Kehl nieder[91]. Neben populären Kalendern verlegte er hier sieben Zeitungen und Zeitschriften, die er in Deutschland, Frankreich und der Schweiz vertrieb[92]. Im April 1783 übernahm er Macklots »Gymnasium-Verlag« in Durlach, der badische Schulen mit Fibeln und Bibeln belieferte, und stieg damit zum Hofdrucker auf. Das

Kapital dafür stammte aus seiner zweiten Ehe mit Maria Magdalena Rehfus, der Tochter des Kehler Wirts zum »Schwarzen Adler« (heute ein Neubau der Sparkasse), die Bärstecher im Mai 1783 heiratete.

Während sich seine Durlacher Niederlassung auf Schulbücher spezialisierte, konzentrierte sich das Kehler Stammhaus auf Grenzüberschreitendes. Geschickt nutzte Bärstecher, der fließend Französisch sprach, Kehls Grenzlage. Durch den deutschen Standort umging er die französische Zensur, durch die Grenznähe hatte er Zugriff auf Nachrichten und Zuarbeiter aus dem Nachbarland. Ab 1784 veröffentlichte er eine deutsche (»Oberrheinischer Hinkender Both«)[93] und eine französische Zeitung (»Ma correspondance«), die dreimal wöchentlich erschienen und beiderseits des Rheins vertrieben wurden. 1790 wurden sie in »Politisch-litterarischer Kurier« bzw. »Courrier politique et littéraire des deux nations« umbenannt und erschienen nun sogar täglich (Dittler:1972, S.216). Die neuen Titel verdeutlichen den Wandel von einem interregionalen (oberrheinischen) zu einem binationalen (deutsch-französischen) Ansatz, was Bärstecher so begründete:

> Die Franzosen und Deutschen, die durch nachbarliche und politische Beziehungen verbunden sind, die immer mehr an Bedeutung gewinnen, haben das größte Interesse daran, gegenseitig über ihre politischen Angelegenheiten unterrichtet zu werden, und zwar auf eine sichere und authentische Weise. (Dittler:1972, S.250)

Bärstecher verlegte auch Bücher in beiden Sprachen, darunter eine französische Übersetzung von Adam Smiths Hauptwerk »An Inquiry into the Nature and Causes of the Wealth of Nations« (1784) und eine deutsche von Beaumarchais' Erfolgsstück »La folle journée ou le mariage du Figaro« (1785). Gedruckt waren sie in Fraktur (Baskerville-Lettern waren der SLT vorbehalten) und auf »französischem« Papier, das evtl. von der SLT stammte. Die Übersetzung des »Figaro« umfasst neben dem Dramentext eine Vorrede Beaumarchais', Hinweise für die Schauspieler sowie eine »Erinnerung« Bärstechers an die von ihm verlegte »aechte« Musik (Mozarts Vertonung folgte erst im Jahr darauf). Beim Dramentext konnte sich Bärstecher auf das Originalmanuskript stützen, weshalb der volle Titel lautet:

Der lustige Tag oder Figaro's Hochzeit. Ein Lustspiel in fünf Aufzügen. Aus dem Französischen des Herrnd Caron von Beaumarchais übersetzt. Aechte, vom Herrn Verfasser einzig und allein genehmigte, vollständige Ausgabe! Kehl, bei J. G. Müller, ältern, Hochfürstl. Markgräfl. Badenscher Hof= und Kanzlei=Buchdrucker. 1785

1785/86 wurde Frankreich von der Halsbandaffäre erschüttert, in die auch der Straßburger Fürstbischof verwickelt war. 1789 veröffentlichte die nach Großbritannien geflüchtete Hauptbeschuldigte, eine Gräfin de la Motte, ihre »Mémoires justificatifs«, die scharfe Angriffe auf das französische Königshaus enthielten. 145 von Bärstecher in Kehl gedruckte Exemplare ließ der Geheime Hofrat Wielandt am 22. Juni 1789 beschlagnahmen. Zwei Wochen später wurde Bärstecher deshalb verwarnt und zu einer viertägigen Arreststrafe verurteilt. Wenige Tage später brach eine von ihm und Beaumarchais gleichermaßen ersehnte Revolution aus, die jedoch für beide Druckereibetriebe das Ende bedeuten sollte.

Zeittafel

1773	M. Macklot eröffnet 1. Buchhandlung Kehls
1776	Lenz lässt Goethes »Götter, Helden und Wieland« in Kehl drucken
1778	Gründung der »Société littéraire et typographique« (SLT) durch Beaumarchais
1779	Le Tellier wird Direktor der SLT / Kauf der Baskerville-Druckerei
1781	Die SLT erhält Druckprivileg für Kehl / Chanson gründet zweite Druckerei
1782	Bärstecher eröffnet weitere Druckerei in Kehl (GZE) / Chanson flieht
1784	K. H. Frentzel verfasst Bericht über SLT / Auslieferung der ersten Voltaire-Bände
1785	de la Hogue wird neuer Direktor der SLT / Druck des »Figaro« (Dt./Frz.)
1787	J. H. Campe schildert in einem Reisebericht Kehl und und die SLT
1789	T. F. Ehrmann schreibt über SLT / Bärstecher druckt Memoiren der Gräfin de la Motte

KAPITEL 8

Zwischen Revolution und Reaktion

1789 bis 1815

Endzeit im »ganz zusammengeschossenen« Kehl

Vieles erinnert noch heute in Straßburg an die Französische Revolution, das Historische Museum widmet der Epoche sogar eine eigene Abteilung. Daneben werden der damalige Bürgermeister Dietrich, der Offizier und Dichter Rouget de Lisle sowie die Generäle Kléber, Desaix und Kellermann durch Erinnerungstafeln und Denkmäler geehrt. In Kehl dagegen scheint diese Zeit vergessen zu sein, obwohl sie auch für das rechte Rheinufer von großer Bedeutung war. Gleich nach dem Sturm auf das Straßburger Rathaus am 21. Juli 1789 brachen auch hier Unruhen aus. Eine oberrheinische oder gar deutsch-französische Revolution[94] schien bevorzustehen, wurde aber durch reguläre Truppen im Keim erstickt.

Während deutsche Demokraten nach Straßburg und Paris zogen, strömten französische Revolutionsgegner auf das rechte Rheinufer. Diese Polarisierung mündete schließlich in den Ersten Koalitionskrieg (1792-97), bei dem auch Kehl zum Schlachtfeld wurde. Vom 12. bis 15. September 1793 wurden Festung, Stadt und Dorf durch Straßburger Artillerie unter Beschuss genommen, im Juni 1796 Kehl und sein Umland französisch besetzt. Nachdem ein Rückeroberungsversuch im September gescheitert war, legte kaiserliche Artillerie ab November 1796 alles in Schutt und Asche. An die französischen Siege erinnert Jahrzehnte später der französische

Romancier **Stendhal** (eigtl. Frédéric Beyle: 1783-1842). In seinem Roman *Le Rouge et le Noir* (1830) besucht dessen »Held« Julien Sorel die Schauplätze vor Ort:

> Er durchschweifte zu Pferd niedergedrückt die Gegend von Kehl; das ist ein Flecken am Rhein, den Desaix und Gouvion Saint Cyr unsterblich gemacht haben. Ein deutscher Bauer zeigte ihm die kleinen Zuflüsse, Pfade und Inseln des Rheins, wo die beiden großen Generäle ihren Mut bewiesen hatten. Sein Pferd mit der Linken führend, hielt Julien mit der Rechten die prächtige Karte ausgebreitet, die die Denkwürdigkeiten des Marschals Saint Cyr schmückt. (Stendhal:1988, S.461f.)

Ein weniger heroisches Bild überliefert uns der damalige Hofdiakon und Lehrer **Johann Peter Hebel** (1760-1826). Im Unterschied zu Stendhal war der spätere Dichter, dem alles Nationale und Militärische zeitlebens fremd blieb, ein Augenzeuge der Ereignisse. Am 6. November 1796 schrieb er an seinen Freund Carl Christian Gmelin:

> Die Ortenau blieb von Gefechten und Franzosen verschont, hat ietzt aber die ganze Kays. Hauptarmee, der Erzherzog macht die fürchterlichsten Anstrengungen zur Eroberung Kehls. Die Franz. inkomodieren ihn nicht. Doch haben sie eben in der Nacht als wir durch die Gegend fuhren, das Dorf Kehl in Brand gesteckt, um die Gegend freier zu machen. (Hebel:1972, Brief 30)

Auch die Stadt Kehl und ihre beiden Druckereien überlebten diese »Befreiung« nicht. Dabei hatte die SLT noch im Mai 1790 die letzten Voltaire-Bände gedruckt (rückdatiert auf 1789), deren Vertrieb auf deutscher Seite die GZE sicherte[95]. Im Juli 1791 schenkte Beaumarchais der »französischen Nation« eine vollständige Quart-Ausgabe, die bei Voltaires Überführung ins Pantheon (11.7.1791) wie eine Reliquie durch Paris getragen wurde. Gleichzeitig verkaufte er einen Teil der Auflage an den Buchhändler Clavelin, der sie versteigern ließ und damit alle übrigen Exemplare entwertete. Um die Verluste zu decken, ließ Beaumarchais die technische Ausstattung von Kehl nach Paris bringen und verkaufte sie an Verlage in ganz Frankreich. Ein »Vergleich zwischen der badischen Regierung und dem

Generaldirektor der Kehler Typographischen Gesellschaft« setzte am 10. September 1791 den Schlusspunkt[96].

1792 wurde Beaumarchais in Paris verhaftet, aber nach einer Hausdurchsuchung rasch wieder freigelassen. Bald darauf emigrierte er nach Hamburg und kehrte erst 1796 zurück, 1799 starb er. Sein Mitstreiter Condorcet tauchte zu Beginn der Jakobinerherrschaft im Juli 1793 unter. In seinem Versteck arbeitete er an einem Werk, das die Erwachsenenbildung begründete. Im März 1794 wurde er verhaftet und starb wenige Stunden später unter ungeklärten Umständen im Gefängnis.

Im gleichen Jahr starb in Karlsruhe Michael Macklot, doch seine Witwe und sein Sohn Karl-Friedrich führten seinen Verlag fort. Sein einstiger Konkurrent Bärstecher musste dagegen im Mai 1790 seine Kehler Druckerei aufgeben und seine Zeitungen an den Straßburger Verleger Treuttel verkaufen. Als 1793 sein Kehler »Haus ganz zusammengeschossen wurde« (Dittler:1972, S.221, 246), emigrierte er mit seiner Familie nach Ulm, wo er sich als Tabakhändler und Vorkämpfer der »Schwäbischen Republik« engagierte. 1798 verfasste er als Deputierter der Ulmer Opposition ein Memorandum, in dem er die französische Delegation in Rastatt um Beistand gegen den »abscheulichsten Despotismus« und dessen »barbarische Politik« bat (Schnermann:2006, S.94-97). Nachdem sich auch diese Hoffnung zerschlagen hatte, floh Bärstecher nach Straßburg, wo sich seine Spur verliert.

Dennoch hatten Kehls Druckereien ein Nachleben. Bärstechers Zeitungen wurden weiter in Straßburg verlegt (s. o.), Beaumarchais' Baskerville-Lettern wurden dort von Levrault weiter benutzt, bis sie 1953 von der »Cambridge University Press« (Harvard University / USA) erworben wurden. Auch in der Literatur blieb die SLT lebendig. Eine erste romanhafte Schilderung findet sich in der »Reise in die mittäglichen Provinzen von Frankreich« von **Moritz August von Thümmel** (1738-1817). Dem 1791 erschienenen Text liegen zwar reale Reiseerfahrungen des Autors aus dem Jahr 1775/76 zu Grunde. Doch um Anspielungen auf die Straßburger Cagliostro-Affäre und die Kehler Bücherfabrik einbauen zu können, datierte er sie kurzerhand auf das Jahr 1785/86 vor. Für Kehl nennt Thümmel drei »typische«

Gewerbe: den Schmuggel (frz. Contrebande), die Prostitution und den Buchdruck. Die ersten beiden sind wenig schmeichelhaft, beim dritten beschränkt sich Thümmel auf die SLT. Macklot, Chanson und Bärstecher sind bereits vergessen:

Dieser kleine Ort steht diesseits und jenseits des Rheins in einem etwas zweideutigen Rufe, der ihm übrigens gleich einer hübschen Dirne, ohne daß die Liebhaber sich durch ihr bescheidenes unschuldiges Gesicht irre machen lassen, vortrefflich zu seinem Gewerbe dient.

An diesem Gränzort zweyer Reiche lauschet
Der Contreband, und wälzt den wuchernden Gewinn
Verbotnen Tands, den es von E i n e m tauschet,
Für gleichen Tand dem A n d e r n hin.
Auch siedelte sich jüngst in diesem Freiheitshafen
Ein zweiter Caron an. Mit gleicher Sicherheit,
Als jener, der am Styx so lange her den braven
Piloten macht, führt sein, durch hundert Ruderskiaven
Bemannter Kahn, den Proteus unsrer Zeit [...].

Der Gedanke, den ich an diesen großen Geist, den das merkantilische Genie eines Beaumarchais auf diesen Scheideweg von Deutschland und Frankreich gebannt hat, im Vorbeifahren bei den weitläufigen Werkstätten mit mir nahm, die hier den Umtrieb seiner Schriften eben so mechanisch befördern, als es ihr Inhalt auf eine geistige Art thut; – dieser Gedanke war wirklich für die kürzeste unter allen Stationen zu reichhaltig; denn man könnte sich mit dem Stoff, den das Leben dieses wundernswürdigen Sterblichen darbietet, auf einer Reise um die Welt beschäftigen, ohne ihn zu erschöpfen. (Thümmel:1811, Bd.1, S.37f., 41)

In der antiken Mythologie ist Charon ein greiser Fährmann, der die Verstorbenen über den Totenfluss Styx rudert (eine Anspielung auf Kehls Lage an der Rheingrenze), der »zweite Caron« ist natürlich Caron de Beaumarchais. Dessen Angestellte sind »Ruderskiaven«, die an einer Werkausgabe des »Proteus unsrer Zeit« arbeiten, womit Voltaire gemeint ist (Proteus ist ein antiker Meeresgott und Gestaltwandler). Damit erscheint Kehl als ein »Freiheitshafen«, der auf

Sklavenarbeit beruht, ein starkes Bild für die »Dialektik der Aufklärung«.

Die Polarität von Licht und Finsternis steht auch im Mittelpunkt von Thümmels Straßburg-Beschreibung (ebda, S.45-152). Zentrale Figur ist hier der fiktive »Pater Mabillon«, dessen Vorlieben für Freimaurerei und das alte Ägypten stark an den Hochstapler Alessandro Cagliostro erinnern (eigtl. Giuseppe Balsamo: 1743-95). 1781-84 hielt sich der angebliche Alchimist und Magier am Hof des Straßburger Fürstbischofs Rohan auf und gründete eine »ägyptische Loge«. Am Ende erweist sich der vermeintliche Mabillon als Wilhelms verkleideter Jugendfreund »Jerom« (sic), an die Stelle dunkler Gerüchte tritt ein befreiendes und »aufklärendes« Lachen.

Auch sonst erlaubt sich Thümmel einige Freiheiten: Der Ich-Erzähler heißt nicht Moritz August, sondern Wilhelm, wohnt nicht in Gotha, sondern in Berlin und reist nicht mit seinem Bruder Friedrich Christian und dessen Frau Friederike, sondern mit seinem Diener Johann und einem Mops. Wir wollen nicht darüber räsonieren, was Friederike darüber gedacht haben mag, zumal sie bei Drucklegung des Werks nicht mehr die Schwägerin des Autors, sondern (nach dem frühen Tod des Bruders) dessen Ehefrau war. Jedenfalls haben wir es nicht mit einer Autobiografie, sondern einem Reiseroman zu tun. Er führt uns durch verschiedene Länder und Literaturgattungen (in den Erzähltext sind Novellen und Gedichte eingestreut) und spielt auf drei Zeitebenen: den 1770er Jahren der »realen« Reise, den 1780ern der »erzählten« Reise und den 1790ern, in denen der Text entstand.

In der napoleonischen Zeit erschienen in London die Memoiren des italienischen Schriftstellers **Vittorio Alfieri** (1749-1803). In dieser »Vita scritta da esso« (1806) erinnert er sich an seinen Besuch in der Kehler Bücherfabrik im Jahr 1784, wo er seine Odensammlung »America Libera« drucken ließ. Die SLT erscheint darin als Ort einer handwerklichen Perfektion und intellektuellen Freiheit, wie es sie in Italien und Frankreich nicht gab:

> Neben anderen Sehenswürdigkeiten besichtigten wir die berühmte Kehler Druckerei, die Herr Beaumarchais auf bewundernswerte Weise mit den Lettern

Baskervilles ausgestattet hatte; er hatte sie erworben, um Voltaires Gesamtwerk zu drucken. Die Schönheit dieser Lettern, die Sorgfalt der Arbeiter und der glückliche Zufall, dass ich Beaumarchais in Paris kennengelernt hatte, brachte mich auf die Idee, in seiner Einrichtung alle meine Werke drucken zu lassen, soweit es keine Tragödien waren; in Frankreich musste man damals mit den üblichen Unannehmlichkeiten der Zensur rechnen, die in Italien nicht weniger ärgerlich waren (…). Nachdem ich aus Paris geschrieben und von Beaumarchais die persönliche Erlaubnis bekommen hatte, seine wundervolle Druckerei nutzen zu können, übergab ich seinen Angestellten bei einem Besuch in Kehl die Handschrift von fünf Oden, die ich »L'America libera« genannt hatte: Dieses kleine Werk sollte als Test dienen. Und tatsächlich schien mir der Druck so korrekt und schön ausgeführt, dass ich in den folgenden zwei Jahren regelmäßig alle meine Werke hier drucken ließ. (Ü: SW nach Gil:2018, S.446f.)

Ein Jahr nach Alfieri reiste auch der Erlanger Hof- und Universitätsapotheker **Ernst Wilhelm Martius** (1756-1849) nach Straßburg und Kehl, um »die berühmte Buchdruckerei von Beaumarché« (sic) zu besichtigen. Sechs Jahrzehnte später berichtete er davon in seinen »Erinnerungen aus meinem neunzigjährigen Leben« (1847). Am Vorabend der Revolution von 1848 erinnert er an das von der SLT geschaffene »Ideen-Magazin« der Aufklärung und nennt neben der Voltaire- auch die weniger bekannte Rousseau-Ausgabe. Dadurch sei das kleine Kehl zu einer Keimzelle der großen Revolution von 1789 geworden:

Es arbeiteten hier dreißig Preßen; auch eine Schriftgießerei stand mit dem Geschäft in Verbindung. Von hier aus giengen zahllose Exemplare von den Werken Voltaire's und Jean Jacques Rousseau's nicht blos über den Rhein, sondern durch die ganze Welt. Man kann daher wohl sagen, daß hier ein Magazin derjenigen Ideen in Arbeit war, welche alsbald einen revolutionirenden Einfluß auf die ganze gebildete Welt ausgeübt haben. (Martius:1847, S.71)

In Straßburg »beginnet das Reich der Freien«

Fünf Tage nach dem Sturm auf die Bastille (14.7.1789) brach auch in Straßburg ein Aufstand aus, der zwar nach vier Tagen niedergeschlagen wurde, jedoch nicht durch Organe der »alten« Ordnung (wie auf der rechten Rheinseite), sondern durch eine Straßburger Bürgerwehr. Das Selbstbewusstsein der Bürgerschaft wurde dadurch enorm gestärkt und ein neues Gemeinschaftsgefühl gestiftet. Nicht der Aufstand, sondern dessen Niederwerfung steht somit am Anfang einer »neuen« Ordnung, deren Anhänger sich zunächst nicht als Revolutionäre, sondern als Patrioten bezeichneten. Anfang 1791 schlossen sie sich im Club der Constitutionsfreunde (Société des amis de la constitution) zusammen, der anfangs ein breites Spektrum abdeckte. Zu seinen 137 eingetragenen und 22 nachgetragenen Mitgliedern (Stand vom 28.8.1790) gehörten moderat-monarchische »Feuillants« (die sich 1792 abspalteten), bürgerlich-republikanische Girondisten (die sich 1793 abspalteten) und radikal-republikanische Jakobiner. Zahlreiche Berufe waren vertreten, wobei Offiziere und Vertreter des Besitzbürgertums dominierten. Doch es gab auch etliche Buchhändler, Publizisten und Schriftsteller, von denen ich einige kurz vorstellen möchte[97]:

Friedrich Rudolf Saltzmann (1749-1821) ist uns aus dem vorherigen Kapitel bereits als Inhaber der Akademischen Buchhandlung (17 Rue des serruriers) und Herausgeber der Zeitschrift »Der Bürgerfreund« bekannt. 1776 übernahm er von Jakob Lenz die Leitung der »Deutschen Gesellschaft«, 1788 erwarb er das Privileg für öffentliche Aushänge (Affiches de Strasbourg). 1790 wurde er als Vertreter des gemäßigten Lagers in den Straßburger Stadtrat gewählt, im Club hatte er das Amt des Schatzmeisters und Vize-Präsidenten inne. Während der Jakobinerherrschaft (Juli 1793 bis Juli 1794) wurden seine Frau und seine beiden Schwestern inhaftiert, er selbst versteckte sich an wechselnden Orten und überlebte so den Großen Terror.

Johann-Georg Treuttel (1744-1826) lebte seit 1770 in Straßburg (15 Grand-Rue) und wurde 1790 (wie Saltzmann) in den Stadtrat gewählt. Im gleichen Jahr kaufte er seinem Kehler Kollegen Bärstecher die Tageszeitungen »Straßburger Kurier« und »Courrier politique et littéraire des deux nations« ab, die künftig die neue (noch monarchische) Verfassung Frankreichs unterstützten. Ab Dezember 1791 gab Treuttel zusätzlich den radikaleren »Courrier de Strasbourg« heraus, Chefredakteur wurde Jean-Charles Laveaux (1749-1827). Der aus Troyes stammende Autor und Übersetzer hatte lange in Berlin und Stuttgart gelebt und war im Oktober 1791 nach Straßburg gezogen. Unter seiner Leitung wurde der Courrier eine der auflagenstärksten Zeitungen Straßburgs. Treuttels Offenheit für republikanische Ideen zeigte sich auch, als er im Dezember 1792 Therese Forster (1764-1829) und deren beide Töchter in sein Haus aufnahm. Ihr Ehemann Georg Forster (1754-94) gehörte als Präsident des Mainzer Jakobinerclubs zu den zentralen Gestalten der Mainzer Republik (März-Juli 1793) und propagierte einen deutsch-französischen Bundesstaat: »Die freien Deutschen und die freien Franken sind hinfüro ein unzertrennliches Volk« (Mühleisen:1989, S.194).

Saltzmann und Treuttel stehen für die Frühphase der Revolution, als in Straßburg das protestantisch-elsässische Bürgertum tonangebend war. Die zweite Phase (1791-93) wurde stark von deutschen Emigranten mitgeprägt[98]. Ihr bekanntester Vertreter war der aus Franken stammende Theologe und Schriftsteller **Eulogius Schneider** (1756-94). Nach seinem Theologie-Studium arbeitete er als Literaturprofessor an der Universität Bonn, wurde 1791 aber wegen seiner Sympathie für die Revolution entlassen und ging nach Straßburg. Dort stellte er sich dem verfassungstreuen (konstitutionellen) Bischof Anton Brendel (1735-1800)[99] als Vikar, Professor des Priesterseminars und Münsterprediger zur Verfügung. Daneben wirkte er als Ratsherr, Mitglied und zeitweise Präsident des Clubs der Constitutionsfreunde sowie Herausgeber der von ihm gegründeten Zeitschrift »Argos oder Der Mann mit den 100 Augen«.

Das Blatt erschien ab Juli 1791 bei Johannes Stuber (Fischmarkt 77) und vertrat eine entschieden republikanische Linie, blieb aber mit nur 150 Subskribenten ein Verlustgeschäft. Nach Schneiders Ernennung zum öffentlichen Ankläger übernahm im Februar 1793 der aus Holstein stammende **Johann Friedrich Butenschön** (1764-1842) die Redaktion. Nach Schneiders Verhaftung im Dezember

1793 wurde er auch Herausgeber, bevor er im Januar 1794 ebenfalls verhaftet und nach Paris gebracht wurde. Schneider wurde dort im April hingerichtet, Butenschön überlebte den Großen Terror in seiner Zelle. Nach seiner Freilassung im Juli 1794 war er in Colmar, Mainz und Speyer als Lehrer, Schul- und Kirchenrat tätig.

Im Sommer 1791 ließ sich **Christoph Friedrich Cotta** (1758-1838) in Straßburg nieder und befreundete sich mit Schneider. Anfang 1792 gründete er das »Straßburger politische Journal für Aufklärung und Freiheit«, das bis zum Dezember im Tübinger Verlag seines Bruders Johannes Cotta gedruckt und zweimal pro Monat in ganz Süddeutschland verteilt wurde. Nach einem Zwischenaufenthalt in Mainz, wo er Georg Forster als Präsident des Jakobinerclubs ablöste, wurde Ch. F. Cotta im Januar 1794 in Straßburg verhaftet und nach Paris gebracht. Wie Butenschön überlebte er den Großen Terror im Gefängnis. Nach seiner Rückkehr heiratete er Schneiders ehemalige Verlobte Maria Sara Stamm (1771-1807) und gründete mit dem Mainzer Jakobiner Matthias Metternich die in Straßburg erscheinende »Rheinische Zeitung« (1796). Wie Bärstecher arbeiteten beide in der Folgezeit am Projekt einer »Schwäbischen Republik«.

Auch Schriftsteller spielten bei der Verbreitung der neuen Ideen eine wichtige Rolle. **Claude Joseph Rouget de Lille** (1760-1836) stammt aus dem französischen Jura und lebte als Offizier der Rheinarmee vom Mai 1791 bis zum Juni 1792 in Straßburg (81 Grand Rue). In einer Freimaurerloge lernte er den Bürgermeister Philippe-Frédéric de Dietrich kennen, auf dessen Wunsch er mehrere Lieder verfasste. Am bekanntesten sind seine »Hymne auf die Freiheit« zum Verfassungsfest (25.9.1791) und sein »Kriegslied der Rheinarmee«, verfasst anlässlich der Kriegserklärung an Österreich (25.4.1791). In der Nacht vom 25. auf den 26. April schrieb er die Zeilen nieder, am nächsten Morgen trug Dietrich, der ein ausgebildeter Tenor war, das Lied seinen Freunden vor, seine Frau begleitete ihn am Klavier. Im Juli 1792 sangen es Freiwillige aus Marseille bei ihrem Einzug in Paris und machten es so als »Marseillaise« bekannt.

Ein solcher Nachruhm blieb dem gebürtigen Kehler **Guillaume Auguste Lamey** (1772-1862) versagt. Im Alter von sechs Jahren zog er mit seinem elsässischen Vater, seiner badischen Mutter und seinen Geschwistern nach Straßburg[100]. Dort schloss sich sein Vater der angesehenen Kaufmannsgilde »Zum Spiegel« (Tribu »Miroir«) an und erwarb ein Haus in bester Lage (Quai St-Nicolas)[101]. Nach Abschluss des Gymnasium Illustre studierte Wilhelm August in Straßburg Philosophie. In sein erstes Studienjahr fällt der Ausbruch der Revolution, die ihn zum Dichter machte. Lameys erste (noch anonyme) Veröffentlichung war eine achtseitige Broschüre, die 1790 in Dorlisheim gedruckt wurde: »Der Pöbelaufruhr zu Straßburg, vom 19ten zum 23ten Julius 1789«. Im gleichen Jahr folgten (bereits unter seinem Namen) eine »Ode auf den Tag des großen Waffenbundes in Straßburg« und eine »An den Herrn Baron von Dietrich, erwählten Bürgermeister von Straßburg«. Sowohl Dietrich als auch Lamey waren damals Mitglieder im Club der Constitutionsfreunde.

1791 ließ Lamey bei Amand König in Straßburg 82 »Gedichte eines Franken am Rheinstrom« drucken. Sie haben die Ereignisse vom Sturm auf die Bastille (14.7.1789) bis zum Tod Mirabeaus (2.4.1791) zum Gegenstand, doch das Wort »Revolution« fällt nie. Stattdessen spricht Lamey vom »merkwürdigen Schauspiel« und »großen Brand«. Stilistisch orientieren sich die Texte am »hohen« Ton der Psalmendichtung (in Anlehnung an Klopstock), manchmal auch am »mittleren« und »niederen« Ton der Volkslieder (in Anlehnung an den Sturm und Drang).

Das lyrische Ich begreift sich als »Alsatier« (Elsässer) und »Franke«. Beide Begriffe stehen für jene Doppelkultur, in der auch der Deutsch-Franzose Lamey wurzelt. Er erinnert daher an die Straßburger Eide (842), als »im feyerlichen Bündnisse der Deutsche sich dem Gallier einst vereinigt« (Lamey:1791, S.43). An die Stelle dieses alten sei nun das »schöne neue Frankenreich« (ebda, S.113) getreten, doch sein deutsches »Mutterland« habe sich dem »neuen Vaterland« (ebda, 201) verweigert. Kulturell fühlt sich das lyrische Ich zwar weiterhin dem »edlen Germanien« und seinen »hohen Gesängen« verbunden, doch politisch sei der Rhein zur Grenze geworden:

Wehmuth aber überschwemmt dunkel mein starrend Aug,
Und vom trüberem Blick träufelt es in den Strom,
Wenn zum Ufer des Rheines
Stillverlohren mein Schritt mich führt, -

Noch vergaß nicht der Sohn gänzlich der Mutter;
noch
Liebt der Franke dich auch, edles Germanien:
Hört in freudiger Ehrfurcht
Deiner hohen Gesänge Chor.
(Lamey:1791, S.119f.)

Die Verse sind Lameys Gedicht »An Teutschland« entnommen, dem wenige Seiten später das Gedicht »Die Reichsflagge am Rhein« folgt. Gemeint ist die französische Trikolore, die das Land der Freiheit von dem der Knechtschaft symbolisch trennt. Sie wurde anlässlich des ersten Konföderations- oder »Verbrüderungsfestes« am 14. Juli 1790 an der Kehler Rheinbrücke aufgestellt und ihr Mast mit der Inschrift versehen: »Ici commence le pays de la liberté« (Hier beginnt das Land der Freiheit). Lamey zitiert sie leicht abgewandelt in seinem Gedicht und stellt ihr die Inschrift am Höllentor gegenüber (Dante, Inferno III9: »Lasst, die Ihr eintretet, alle Hoffnung fahren«). Nicht das Verbindende, sondern das Trennende steht nun im Vordergrund:

Hier, wo der Wogenstrom braußt umher,
Die ihr herüber kömmt, verliehrt (sic) die Hoffnung!
Hier beginnet das Reich der Freien.
[...]
Du hebest dich hoch, bunte Flagge, und flatterst umher:
Da, wo es laut auf flutet,
Da endet sich der Freien Reich!
Bürger, bis hieher!
Hier ist, stehet!
Ufer und Grenze.
(Lamey:1791, S.129f.)

Der bei Lamey mal trennende, mal verbindende Rhein erinnert an die damalige Diskussion zwischen Universalisten und Nationalisten. Erstere erhofften sich eine Weltrevolution, letztere eine Sicherung des Erreichten innerhalb der nationalen Grenzen. Die Debatte wurde auch in anderen Clubs ausgetragen (z. B. Mainz), doch in der Grenz- und Brückenstadt Straßburg war sie von besonderer Brisanz. Mit der ab 1790 wachsenden Kriegsgefahr gerieten die anfangs dominierenden Universalisten gegenüber den Nationalisten in die Defensive, gipfelnd im Generalverdacht gegenüber allen Ausländern. Während der Jakobinerherrschaft sollte dies vielen deutschen Emigranten die Freiheit oder das Leben kosten[102]. Dass sich Lamey trotz allem als Universalist begriff, zeigt der Anfang des Gedichts »Ausblick«:

Nicht sein Vaterland nur liebet der Menschenfreund,
Und die Grenzen des Reichs engen sein Herz nicht ein,
    Allenthalben erblickt er
    Menschen, überall Brüder auch…
(Lamey:1791, S.133)

Im September 1792 wurde ein republikanischer Kalender eingeführt, bis 1806 wurden die neuen Monate in je drei Dekaden (10-Tage-Wochen) eingeteilt. Ab 1793 wurde in den zu Tempeln umgewandelten Kirchen zu jeder Dekade ein »Fest der Vernunft« gefeiert. Mit der dafür nötigen Umgestaltung des Straßburger Münsters wurde der Karlsruher Architekt **Friedrich Weinbrenner** (1766-1826) beauftragt, der 1798 durch seine Ehe mit Margarete Salome Arnold auch Straßburger Bürger wurde. Lamey übernahm es, für die beiden elsässischen Départements neue, deutsche Texte nach Melodien alter Kirchenlieder zu verfassen. Doch da die Jakobiner nur das Französische als republikanische Einheitssprache duldeten, konnten diese »Dekadischen Lieder für die Franken am Rhein« erst 1795 in Druck gehen.

Zu diesem Zeitpunkt lebte Lamey nicht mehr in Straßburg, sondern in Paris. Auf Anregung des Colmarer Dichters Théophile Conrad Pfeffel (1736-1809) hatte er 1794/95 an der neu gegründeten »Ecole Normale« studiert und war danach dort als Übersetzer und zweisprachiger Dramatiker tätig. 1797-99 verfasste er drei deutsche Dramen, 1807-10 drei französische. Letztere wurden von Alexandro Piccini vertont und im »Théâtre de la Porte de St-Martin« aufgeführt. In dieser Zeit lernte Lamey Alexandrine-Henriette Pascot (1783-1856) kennen, eine Cousine des Malers Eugène Delacroix (1798-1863). Die beiden heirateten und verließen 1812 das napoleonische Frankreich, in dem sie sich nicht mehr heimisch fühlten.

Aufgrund seiner Sprachkenntnisse fand Lamey eine Anstellung als Friedensrichter in den von Frankreich annektierten Städten Lüneburg und Hamburg. Nach Napoleons Sturz kehrte er erst nach Paris zurück und übernahm dann Richterstellen im Elsass: zunächst im Münstertal (der Heimat seines Vaters), 1818 in Altkirch, 1827 in Colmar und 1829-44 in Straßburg. Hier erlebte Lamey 1830 die zweite Revolution, die er in seinem Gedicht »Die bessere Zeit« leidenschaftlich begrüßte: »Kann doch jetzt noch alles werden / Wie's der Knabe sich erträumt«. Der Text findet sich in dem Band »Gedichte« (1839), doch sein Stil hatte sich gewandelt. Die Hymnen seiner Jugend und der Klassizismus seiner Pariser Jahre waren Vergangenheit. Neues Vorbild war die schwäbische Romantik, vermittelt durch seinen Freund Justinus Kerner (1786-1862).

Nach Napoleons Sturz war Lamey als Schriftsteller zur deutschen Sprache zurückgekehrt, nach Hebels Tod (1826) öffnete er sich auch gegenüber dem Elsässischen. Sein noch immer populäres Gedicht »Der Ald Strossburjer« zeugt davon. Auch inhaltlich rückte das Elsass wieder ins Zentrum seines Schaffens: 1840 verfasste er Gedichte zur Einweihung des Kléber- und des Gutenberg-Denkmals in Straßburg, 1845 veröffentlichte er eine »Chronik der Elsässer in Liedern und Gemälden«. Daneben übersetzte er Jean de La Fontaine, Pierre-Jean de Béranger und Victor Hugo ins Deutsche und baute so literarische Brücken über den Rhein. Erst der Tod seiner Frau ließ ihn 1856 verstummen. Er starb vier Wochen vor seinem 90. Geburtstag in Straßburg (50 Rue des Balayeurs). Die Stadt ehrt ihn mit der 1881 eingeweihten Lameystraße (Rue Lamey), sein Grab auf dem Helenen-Friedhof (cimetière Sainte-Hélène) wird als Gedenkort gepflegt. In seiner Geburtsstadt Kehl erinnert nichts an den großen Deutschfranzosen.

Neuer Friede und alte Liebe

Mit Napoleons Staatsstreich und seiner Ernennung zum Ersten Konsul (1799) endet die Revolution im engeren Sinn. Ob sie unter Napoleon vollendet oder beerdigt wurde, ist umstritten. Jedenfalls brachte er Europa weder die erhoffte Freiheit noch den ersehnten Frieden, denn noch im gleichen Jahr 1799 brach der Zweite Koalitionskrieg aus. Als Kehl kurz darauf erneut französisch besetzt wurde, ließ sich der Romancier **Jean Paul** (eigtl. Friedrich Richter: 1763-1825) von dieser Nachricht zur Schlussszene seiner Erzählung »Des Luftschiffers Gianozzos Seebuch« (1802) inspirieren. Im letzten Kapitel fliegt der Titelheld und Erzähler über Straßburg Richtung Alpen, wo er den Tod finden wird. Doch bereits in Straßburg ist dieser allgegenwärtig, denn dort tobt eine blutige Schlacht. Der reale Wahnsinn des Kriegs mischt sich dabei mit den Wahnvorstellungen des todestrunkenen Ich-Erzählers:

Westlich seh' ich jetzt den Münster und, wie ich glaube, den Straßburger Telegraphen, dessen Zeigefinger des Todes fast erhaben und schauerlich ist; wie ein Parze regt er seine Schere – die Zunge der Völkerwaage, der in- und deklinierende Kompaß der Zeit.

Der Donner rollet immer lauter und voller heran, und doch stehen die weißen Wettergebürge noch so niedrig im Himmel. – O Teufel, er kommt aus einer Schlacht! – Soldatenhaufen sprengen über Hügel – Landleute rennen – ein Dorf brennt als Wachfeuer – in einem Garten seh' ich tote Pferde, und ein Kind trägt einen abgerissenen Arm fort.

Nun seh' ich die Ebene und die Rauchklumpen, die die brennende Hölle auftreibt. Wie mich hineingelüstet! Mein Wind läuft gerade über das dunkle, breite Sterbebette der Völker; [...] der Schmerz ging drunten auf und ab und trat unsere Gesichter mit Füßen und begrub den Toten nur unter Sterbende – mein Herz dröhnte – da hört' ich das Wiehern der armen, unschuldigen Pferde – Jetzt wurd' auch ich von der Wut gepackt, denn ich bin ja auch einer von denen drunten, und schleuderte grimmig und gerade alle Steine, die ich hatte, auf die ringende, vom Erdbeben eines bösen Geistes zum Kampf-Wahnsinn untereinander geschüttelte Masse – – Mög' ich nur kein unschuldiges Pferd getroffen haben! (Jean Paul:1959-85, Bd.3, S.1005-07)

Nach Friedensschluss (1801) brach **Johann Gottfried Seume** (1763-1810) zu einem 6.000 Kilometer langen Fußmarsch von Sachsen über Österreich nach Sizilien auf. Sein Rückweg führte ihn 1802 durch Frankreich nach Straßburg und Kehl. Sein bald danach verfasster Reisebericht »Spaziergang nach Syrakus im Jahre 1802« begründete seinen Ruhm als Schriftsteller:

Von da ging ich über Toul immer nach Straßburg herauf. Von Nancy aus pflegt man die Notiz auf den Wirtshausschildern in französischer und deutscher Sprache zu setzen, wo denn das Deutsche zuweilen toll genug aussieht [...]. Das Wetter ward mir wieder zu heiß, und ich wollte den andern Morgen mit der Diligence nach Mainz fahren; aber des alten wackern Oberlin's Höflichkeit und einige neuen angenehmen Bekanntschaften hielten mich noch einige Tage länger bis zur nächsten Abfahrt. Oberlin traf ich auf der Bibliothek, und er hatte die Güte, mir ihre Schätze selbst zu zeigen [...]. Das schöne Wetter lockte mich mit einer Gesellschaft über den Rhein hinüber, und ich betrat nach meiner Pilgerschaft bei Kehl zuerst wieder den vaterländischen Boden und sah die Verschüttungen des Forts und die neuen Einrichtungen der Regierung von Baden. Es ist schon sehr viel wieder aufgebaut. Daß ich mich etwas auf dem Münster umsah, brauche ich Dir wol nicht zu sagen. Man hat eine herrliche Aussicht auf die ganze große, schöne, reiche Gegend und den majestätischen Fluß hinauf und hinab. (Seume, S.150f.)

Die Beschreibung beider Städte ist knapp und pointiert. Mit seinem uralten Münster, seiner alten Bibliothek und dem auch nicht mehr ganz jungen Pastor Johann Friedrich Oberlin (1740-1826) erscheint Straßburg als ein Ort mit großer Vergangenheit, Kehl dagegen als offene Wunde der Gegenwart. Doch die »Verschüttungen des Forts« und die »neuen Einrichtungen der Regierung von Baden« lassen Seume auf eine friedlichere Zukunft hoffen. Die Wirklichkeit war freilich komplexer: Gemäß des Friedens von Lunéville war Kehl 1801 zwar wieder badisch geworden, doch die alte und neue Regierung musste die Reste der Festung auf eigene Kosten schleifen. Für den

Wiederaufbau lag ein Plan von Carl Christian Vierordt (1744-1812) vor, doch wie langsam dieser umgesetzt wurde, zeigt ein Artikel der »Allgemeinen Zeitung« vom 12. Februar 1802: »Unter allen Städten und Dörfern, welche während dem Kriege in Armut versanken, ist kein Ort so stark mitgenommen worden als Kehl«. Seumes Kehl ist daher mehr ein utopischer als ein realer Ort, zumal auch der neue Friede nur kurz hielt.

Im gleichen Jahr, in dem Seume zu seinem »Spaziergang nach Syrakus« aufbrach, machte sich **Friederike Brion** (1752-1813) auf den Weg ins rechtsrheinische Hanauerland. Im Herbst 1770 hatte sie Goethe kennen und lieben gelernt, doch die Beziehung hielt nur bis zum Sommer des nächsten Jahres. Nach der Trennung von Goethe und dem Tod ihrer Eltern war sie zunächst zu ihren Geschwistern Sophie und Christian in den Vogesenort Rothau gezogen. Angeregt von Pastor Oberlin, der seit 1767 im benachbarten Waldersbach im Geist der Aufklärung wirkte, eröffneten Friederike und Sophie einen Laden für Alltagsgegenstände und ein Pensionat für Mädchen, die Französisch lernen wollten. 1801 heiratete ihre ältere Schwester Maria-Salomé den Straßburger Pfarrer Gottried Marx und folgte ihm über den Rhein nach Diersheim (nördlich von Kehl). Als sie im gleichen Jahr erkrankte, bat sie Friederike um Hilfe. Diese kam und blieb.

Während Friederike alle Aufgaben einer Pfarrfrau übernahm, wehte durch die Gassen von Diersheim ein Hauch von Weltgeschichte: Als 1803 der rechtsrheinische Teil des Hanauerlands an das zum Kurfürstentum erhobene Land Baden fiel, bekam auch Diersheim einen neuen Landesherrn. Als 1805 der Dritte Koalitionskrieg ausbrach, wurde Pfarrer Marx nach Meißenheim (südlich von Kehl) versetzt. Und als 1807 der Vierte Koalitionskrieg endete, starb dort Maria-Salomé. Gottfried Marx heiratete kein zweites Mal, sondern lebte weiter mit Friederike zusammen, die im Pfarrhaus ein Eckzimmer im ersten Stock bewohnte. Dort starb sie 1813. Der Gemeinde blieb sie als »Große Tante« in Erinnerung[103], Literaturfreunde dagegen denken bei ihr vor allem an Goethe. 1812 und '14 erschienen jene Bände von »Dichtung und Wahrheit«, mit denen dieser seine Jugendliebe in ein Stück Weltliteratur verwandelte. 1841 veröffentlichte Freimund Pfeiffer das sechs Jahre zuvor entdeckte »Sesenheimer Liederbuch«. Es enthält elf Liebesgedichte, die Goethe und Lenz der von beiden verehrten Friederike gewidmet hatten und zählen zu den wichtigsten lyrischen Werken des Sturm und Drang. 1865 wurde ihr Grab identifiziert und im Jahr darauf ein Gedenkstein gesetzt[104].

Henker, Hochzeiten und Hebel

Im Jahr 1804, in dem sich Napoleon die Kaiserkrone aufsetzte, heiratete die 18-jährige Pfarrerstochter Sophie Bögner (1786-1864) den Hebel-Schüler und Goldschmied Christoph Gottfried Haufe. Ab 1805 besuchte **Johann Peter Hebel** (1760-1826), der die Ehe gestiftet hatte, die beiden regelmäßig in ihrem Straßburger Haus am Alten Fischmarkt, wo Sophie bis 1826 einen intellektuellen Salon führte. Hier lernte Hebel nicht nur Französisch, sondern begegnete auch dem jungen Straßburger Dichter Ehrenfried Stoeber (1779-1835) und seinem Freundeskreis. Stoeber gewann in Hebel einen Koautor für seinen Almanach »Alsatisches Taschenbuch« (1808-10), dieser fand in dem Straßburger Zeichner und Kupferstecher Benjamin Zix einen Illustrator für die Neuausgabe seiner »Alemannischen Gedichte«. An dieser Sammlung hatte Hebel seit 1799 gearbeitet, 1803 erschien sie bei Macklot in Karlsruhe. Sie begründete Hebels Popularität, legte den Grundstein zu einer neuen Dialektliteratur und stiftete mit dem Hochalemannischen (Hebel war im badisch-schweizerischen Grenzland aufgewachsen) eine Brückensprache, die der trinationalen Völkerverständigung am Oberrhein diente.

Seit 1803 veröffentlichte Hebel im Badischen Landkalender auch Geschichten in hochdeutscher Sprache, am Ende waren es etwa 300. 1807 übernahm er die Redaktion und änderte den Namen in »Der Rheinländische Hausfreund« ab. 1811 gab Cotta unter dem Titel »Schatzkästlein des rheinischen Hausfreundes« eine leicht überarbeitete Auswahl heraus. Der sukzessive Wandel des Titels steht für eine zunehmende geistige Öffnung. Das Adjektiv »badisch« verweist nur auf die Landesidentität. Das um 1800 aufgekommene (und anfangs nur im Plural gebräuchliche) Wort »Rheinlande« steht bereits für die Vielfalt an Sprachen und Kulturen entlang des Rheins. Der Begriff »rheinisch« schließlich erfasst den Strom bis zur Mündung, die ihn mit der ganzen Welt verbindet.

Tatsächlich liegt der Sammlung kein regionaler oder nationaler, sondern ein übernationaler Ansatz zugrunde. Einige Geschichten spielen in weit entfernten oder sogar erfundenen Ländern, viele freilich am Oberrhein. Uns interessieren hier die Erzählungen »Drei Wünsche« (1809) und »Der falsche Edelstein« (1810). Erstere spielt im Gasthof zum Lamm in Kehl, letztere in einem »schönen Garten vor Straßburg vor dem Metzgertor«. Beide Schauplätze existieren heute nicht mehr. Das Straßburger Metzgertor (Porte d'Austerlitz) wurde 1870 zerstört, das Kehler Lamm (Hauptstr. 108), wo Hebel mehrfach abstieg, wurde 1991 abgerissen[105]. Die Geschichte »Drei Wünsche« wollen wir uns genauer ansehen:

> Drei lustige Kameraden saßen beisammen zu Kehl im Lamm, und als sie das Saueressen verzehrt hatten und noch eine Flasche voll Klingelberger miteinander tranken, sprachen sie von allerlei und fingen zuletzt an zu wünschen. Endlich wurden sie der Rede eins, es sollte jeder noch einen kernhaften Wunsch tun, und wer den größten Wunsch hervorbringe, der soll frei ausgehen an der Zeche.
>
> Da sprach der erste: »So wünsch' ich dann, daß ich alle Festungsgräben von ganz Straßburg und Kehl voll feiner Nähnadeln hätte und zu jeder Nadel einen Schneider, und jeder Schneider müßte mir ein Jahr lang lauter Maltersäcke nähen, und wenn ich dann jeden Maltersack voll doppelte Dublonen hätte, so wollte ich zufrieden sein.«
>
> Der zweite sagte: »So wollt ich denn, daß das ganze Straßburger Münster bis unter die Krone des Turmes hinauf voll Wechselbriefe vom feinsten Postpapier läge, so viel darin Platz haben, und wäre mir auf jedem Wechselbrief so viel Geld verschrieben, als in allen deinen Maltersäcken Platz hat, und ich hätt's.«
>
> Der dritte sagte: »So wollt ich denn, dass ihr beide hättet, was ihr wünscht, und dass euch alsdann beide in *einer* Nacht der Henker holte, und ich wär euer Erbe.«

Der dritte ging frei aus an der Zeche, und die zwei andern bezahlten.
(Hebel:1985, S.175f.)

Die scheinbar harmlose Erzählung ist reich an politischen Anspielungen. In einem geheimen Zusatzprotokoll zum Allianzvertrag mit Frankreich (1805) hatte Baden seine Aufwertung zum Großherzogtum mit dem Verzicht auf Kehl bezahlt, 1806 wurde die Stadt offiziell von Frankreich annektiert. Die »drei lustigen Kameraden« tafeln demnach auf französischem Boden und mit saurer Brühe (bzw. Miene), was als versteckte Kritik am neuen »Vaterland« gelesen werden kann. Dass sie keinen Elsässer, sondern Klingelberger trinken (die in der Ortenau übliche Bezeichnung für Riesling), bringt ihre anhaltende Verbundenheit zum badischen »Mutterland« zum Ausdruck. Doch der Text enthält noch weitere Spitzen gegen die französische Politik.

In der Nacht vom 14. auf den 15. März 1804 war im Gasthof zum Lamm der Posthalter Trident vom französischen General Caulaincourt verhaftet worden, da er anti-napoleonische Flugblätter weitergeleitet haben soll. Gleichzeitig ließ General Ordener in Ettenheim den Grafen von Enghien (1772-1804) entführen. Beide wurden in die Straßburger Zitadelle verschleppt und Enghien kurz darauf in Vincennes (bei Paris) erschossen. Da beide Verhaftungen auf damals (noch) badischem Gebiet stattfanden, hatten sie eine diplomatische Krise und große öffentliche Empörung zur Folge. Hebels Anspielungen darauf sind deutlich. Zunächst siedelt er die ganze Szene an einem Original-Schauplatz an, im Kehler Lamm. Der erste Geselle erwähnt die Straßburger Festung (wo Trident und Enghien inhaftiert waren), der zweite einen Stapel von »Postpapier« (was an die von Trident verteilten Flugblätter denken lässt) und der dritte den »Henker«, der »beide in *einer* Nacht« holt (wie in jener März-Nacht des Jahres 1804).

Auch in den heute zu Kehl gehörenden Ortschaften Kork und Odelshofen hatte Hebel persönliche Verbindungen und wieder ist der Grund eine Frau: Gustave Fecht (1768-1828). Wie Sophie Haufe war sie eine Pfarrerstochter aus dem Oberland, mit der Hebel viele Briefe wechselte. Sie lebte in Weil am Rhein bei ihrer Schwester, wo sie eine Handarbeitsschule für Mädchen aufbaute. Über sie lernte Hebel ihren Bruder Gottlieb Bernhard Fecht (1771-1851) kennen, der von 1808 bis zu seinem Tod (1851) Dekan in Kork war. Daneben saß er ab 1819 auch als Abgeordneter im Badischen Landtag und empfing Hebel regelmäßig als Gast. Sein Grabstein (1852) steht im Korker »Fecht-Gärtl«.

Kork war ein Amtssitz des Hanauerlandes und fiel 1803 an Baden. Da die Kehler Kernstadt 1806 französisch wurde, verlief zwischen beiden Ortschaften nun eine Staatsgrenze, die am 22. März 1810 von der 19-jährigen Marie Louise von Österreich überquert wurde. Wie Marie-Antoinette 40 Jahre zuvor, sollte auch sie einen französischen Herrscher heiraten: Kaiser Napoleon. Im »Rheinischen Hausfreund« des Jahres 1811 erwähnt Hebel das Ereignis und verschweigt dabei, dass er an der Zeremonie beteiligt war. Das »Morgenblatt für gebildete Stände« berichtet darüber am 3. April 1810:

> Noch auf deutschem Boden, zunächst an der Grenzscheide, steht ein Triumphbogen aus Fichtenzweigen, welchen die Badensche Gemeinde Kork errichtet hatte. Mit der einfachen Inschrift: »Germania memor«.

Die lateinische Inschrift »Deutschland gedenkt« ist bewusst mehrdeutig und soll die künftige Kaiserin von Frankreich zu Tränen gerührt haben. Nachdem sie in Kork von Deutschland Abschied genommen hatte, wurde sie vom Präfekten des Départements Bas-Rhin und dem Straßburger Bürgermeister im französischen Kehl begrüßt und überquerte anschließend die 1808 eingeweihte napoleonische Rheinbrücke. Seit 1843 wissen wir, dass die Inschrift an der Korker Pforte auf Hebel persönlich zurückging. Unter dem Titel »Ehrengedächtnis von Adjunkten des rheinl. Hausfreundes« veröffentlichte sein Assistent Kölle in der zweiten Ausgabe von Hebels Schriften eine Biographie, in der es heißt:

> Als Marie Louise durch Baden dem Napoleonischen Brautbett entgegenging, musste Hebel die Inschriften zu den Ehrenpforten verfertigen, was er sehr ungerne tat. Das »Germaniae memor« bei Kehl schlug ich ihm vor. Er nahm es mit Freuden an. (Schäfer:2013, S.45)

Ein weiterer Hinweis auf Hebels Beteiligung findet sich in dem 12-strophigen Gedicht »Auf die Insel von Odelshofen«, das wenige Tage nach Marie Louises Grenzübertritt entstand. Zu Hebels 50. Geburtstag hatten seine Korker Freunde Fecht und Schild eine in einem Odelshofener Fischweiher gelegene Insel als Garten neu gestaltet[106]. Hebel bedankte sich mit besagtem Text, den Fechts älteste Tochter Wilhelmine Karoline (1799-1876) bei der Einweihungsfeier am 10. Mai 1810 vortrug. Längst ist der Teich um diese »Hebel-Insel« verlandet, doch das Gedicht wurde 1834 in den zweiten Band von Hebels »Sämtlichen Werken« aufgenommen und blieb so erhalten. Die Sprache ist Hochalemannisch, die Form volksliedhaft und die Aussage wieder einmal doppelbödig. Hier die Strophen 2-5:

Findsch echt der Weg ins Unterland?
Der Schwarzwald blibt uf rechter Hand,
Mit sine Firste hoch und lang,
Und's Wasser links, 's goht au di Gang,
Und obe Himmel rein und blau,
Und unte frische Morgethau.

Doch wenn de n'über d'Chinzig gohsch,
Und z'Offeburg am Scheidweg stohsch,
's goht links di Weg, und denk mer dra,
iez goht di d'Bergstros nüt meh a.
Lueg um di! Siehsch kei Insle do?
O b'hüet is Gott, do isch sie jo.

Wie isch das Inseli so nett,
Aß wenn's e Engel zirklet hätt,
Aß wenn's si eige Gärtli wär!
Wie badets in sim chleine Meer!
Wie badets in sim Bluemeduft,
Und sunnt si in der reine Luft!

's treit menge Her e Stern am Band,
het Geld wie Laub, und Lüt und Land;

Er ißt Pastete, Fleisch und Fisch;
e goldne Bueb stoht hinterm Tisch;
es fehlt em nüt. Frog was de witt!
Doch so ne Plätzli het er nit.
(Hebel:1972, Bd. 3, S.212-214)

Zunächst wird die Anreise über Offenburg entlang der Kinzig bis Odelshofen beschrieben. Es ist die gleiche Route, die vier Wochen zuvor Marie Louise von Österreich genommen und die Hebel mit Ehrenpforten geschmückt hatte. Seinen damaligen Zuhörern war dies natürlich bekannt, das fiktive Du, an das sich das lyrische Ich wendet, könnte daher Marie Louise selbst sein. Es folgt ein Lob auf das kleine »Inseli«, dessen Besitzer (Hebel) reicher sei als ein hoher Herr, der »Geld wie Laub, und Lüt und Land« besitzt (Napoleon). Bei der Schilderung des mit »Pasteten, Fleisch und Fisch« gedeckten Tischs, an dem dieser sitzt, fällt Hebel unwillkürlich ins Hochdeutsche und zieht damit eine sprachliche Grenze zwischen der höfischen Lebenswelt (Hochsprache) und seiner eigenen (Dialekt).

Zeittafel

1789	Aufstände beiderseits des Rheins
1791	Thümmel feiert den »Freiheitshafen« Kehl, E. Schneider, C. F. Cotta die Revolution in Straßburg
1792	Rouget de Lisle dichtet in Straßburg die »Marseillaise«
1793	Beschuss von Kehl, A. Lamey scheibt seine »Dekadenlieder«
1801	Seume besucht Straßburg und Kehl, F. Brion zieht nach Diersheim
1804	Aktion gegen Emigrierte in Kehl und Ettenheim
1806	Alfieri erinnert sich an seinen Aufenthalt in Kehl
1809/10	Hebel verewigt Kehl und Straßburg im »Rheinischen Hausfreund«, verabschiedet die künftige Kaiserin in Kork und besingt die Insel von Odelshofen
1812/14	Goethe erzählt in »Dichtung und Wahrheit« von seiner Zeit in Straßburg

EPILOG

Am 20. März 1811 übermittelte der Straßburger Telegraf die Nachricht von der Geburt eines gemeinsamen Sohnes von Marie Louise von Österreich und Napoleon. Sein Kaisertum schien damit dauerhaft gesichert, doch im Jahr darauf zog er an der Spitze seiner Armee über die Kehler Brücke Richtung Russland. Ende 1813 erreichte der von Napoleon weit im Osten vom Zaun gebrochene Krieg auch Straßburg und Kehl. Als er im Frühjahr darauf abdankte, war von Kehl nicht mehr viel übrig und auch Straßburg hatte Narben davongetragen: Während der Belagerung hatte in der Stadt eine Typhus-Epidemie gewütet und zahlreiche Opfer gefordert. Zu den Überlebenden zählte der später berühmte Philologe **Jakob Grimm** (1785-1863). Als Bibliothekar des gestürzten Königs von Westfalen Jérôme Bonaparte war er 1814 nach Straßburg geflohen und wurde von Sophie Haufe aufgenommen. Noch immer unterhielt sie in ihrem Haus einen Salon, der nun zur Keimzelle eines literarischen Neuanfangs wurde.

Im Jahr 1816, ein Jahr nach der Schlacht von Waterloo, ließ der Straßburger Jura-Professor **Johann Georg Daniel Arnold** (1780-1829) das in Straßburger Mundart verfasste Stück »Der Pfingsmontag« drucken. Es wurde von Goethe ausführlich gelobt und begründete die bis heute lebendige Tradition des elsässischen Dialekttheaters. Angeregt von Hebels »Alemannischen Gedichten« begann auch Arnolds Freund **Ehrenfried Stoeber** (1779-1835), Gedichte in elsässischer Sprache zu veröffentlichen, und prägte damit eine ganze Generation von Schriftstellern. Heute gilt diese »Stoeber-Schule« als goldenes Zeitalter der elsässischen Mundart-Dichtung. Auch der dichtende Pastor **Johann Jakob Jaeglé** (1763-1837) gehörte zu dem Kreis. Ab 1831 beherbergte er in seinem Pfarrhaus neben der

Willemer Kirche (St-Guillaume) den hessischen Medizinstudenten **Georg Büchner** (1813-37), der sich im Jahr darauf heimlich mit dessen Tochter Wilhelmine verlobte. 1835 kehrte Büchner als politischer Flüchtling nach Straßburg zurück und verfasste hier in der kurzen Zeit, die ihm noch blieb, nahezu sein gesamtes literarisches Werk.

Zunehmend entdeckten auch französische Dichter die Städte Straßburg und Kehl. Der bereits erwähnte Romancier **Stendhal** hielt sich hier zwischen 1806 und 1838 sieben Mal auf, **Prosper Mérimée** zwischen 1831 und '44 immerhin dreimal und **Honoré de Balzac** zweimal (1841 und '45). Literarisch besonders fruchtbar war der gemeinsame Aufenthalt von **Alexandre Dumas** und **Gérard de Nerval** im Jahr 1838 – beide schrieben je ein Buch über ihre Reise – und von **Victor Hugo** im Folgejahr. Unter der Kehler Rheinbrücke sah er die sich mischenden Fluten Frankreichs und Deutschlands, beim Blick vom Münsterturm fühlte er den über die Grenze wehenden Wind und die Strahlen einer Sonne, die beide Ufer wärmte. Feuer, Luft und Wasser kannten offenkundig keine Grenzen, während der Mensch das vierte Element Erde mit großem Aufwand zu spalten versuchte. Diesem für ihn falschen Ansatz stellte Hugo seine neue Idee der »Vereinigten Staaten von Europa« entgegen. Unermüdlich warb er dafür viele Jahre lang, selbst noch im Kriegsjahr 1870.

Zwischen den Weltkriegen, als die Einigung Europas noch ferner schien als zu Zeiten Victor Hugos, entwarf der elsässische Schriftsteller **René Schickele** (1883-1940) das Bild eines grenzenlosen Oberrheins, der für ihn das Kernland eines künftig vereinten Europas war. Darin vergleicht er das Rheintal mit einem geöffneten, mehrsprachigen Buch, das zur Lektüre einlädt. Wir haben in den zurückliegenden Kapiteln in eben diesem Buch geblättert und seine Vielfalt erlebt, weshalb Schickeles zeitloser Text den Schlusspunkt unserer Zeitreise bilden soll:

Das Land der Vogesen und das Land des Schwarzwaldes waren wie die zwei Seiten eines aufgeschlagenen Buches – ich sah deutlich vor mir, wie der Rhein sie nicht trennte, sondern vereinte, indem er sie mit seinem festen Falz zusammenhielt. Die eine der beiden Seiten wies nach Osten, die andre nach Westen, auf jeder stand der Anfang eines verschiedenen und doch verwandten

Liedes. Von Süden kam der Strom und ging nach Norden, und er sammelte in sich die Wasser aus dem Osten und die Wasser aus dem Westen, um sie als Einziges, Ganzes ins Meer zu tragen … Und dieses Meer umschloß die große, von den jüngsten, unersättlichen Söhnen des Menschengeschlechts bewohnte Halbinsel, in die das zu gewaltige Asien deutlich endet … Europa. (Schickele, Bd.III, S.532)

ABKÜRZUNGEN

AMS: Archives Municipales de Strasbourg / Stadtarchiv Straßburg
AAS: Archives d'Alsace Strasbourg / Elsässisches Archiv Straßburg
BNP: Bibliothèque Nationale de Paris / Nationalbibliothek Paris
BVP: Bibliothèque historique de la Ville de Paris / Historische Stadtbibliothek Paris
GLA: Generallandesarchiv Karlsruhe
GZE: Gelehrte Zeitungs-Exedition
LKA: Landeskirchliches Archiv Karlsruhe
SAK: Stadtarchiv Kehl
SLT: Societé littéraire typographique / Literarisch-typografische Gesellschaft
SW: Stefan Woltersdorff
Ü: Übersetzer/in

BIBLIOGRAPHIE

Jean-Baptiste de Boyer d'Argens: Mémoires du marquis d'Argens, chambellan de Frédéric-le-Grand, roi de Prusse, o. O. 1807

Ausonius: Mosella. Lateinisch/Deutsch. Übersetzt u. kommentiert von Otto Schönberger, Stuttgart: Reclam jun. 2000

Gaius Julius Caesar: De bello Gallico / Der gallische Krieg. Lateinisch/Deutsch (übersetzt u. hrsg. von Marieluise Deissmann), Stuttgart: Reclam 1980 / bibl. ergänzte Ausgabe: 2004

Joachim Heinrich Campe: Sammlung interessanter und durchgängig zwekmäßig abgefaßter Reisebeschreibungen für die Jugend. Zweiter Theil, Reutlingen: Grözinger 1793

Robert Diehl: Beaumarchais als Nachfolger Baskervilles. Entstehungsgeschichte der Kehler Voltaire-Ausgabe in Baskerville-Typen, Frankfurt am Main: Privatdruckerei der Bauerschen Gießerei 1925

Erwin Dittler: Johann Gottlieb Müller (Bärstecher). Verlagsbuchhändler im Zeitalter der Aufklärung. In: Die Ortenau, 1972, S.188-253

Erwin Dittler: Rudolphe de Rochebrune (Guillaume Plateret). Geheimer Legationsrat in Kehl / Kehl als Druckort in den Meßkatalogen 1782-86. In: Die Ortenau, 1973, S.105-119 / 178-189

Ernst Dümmler (Hrsg.): Poetae Latini aevi Carolini, Berlin 1884

Karl Heinrich Frentzel: Schreiben an den Herrn Geheimen Rath Dohm, die Buchdruckerei in Kehl betreffend. In Heinrich Ch. Boie (Hrsg.): Deutsches Museum, Leipzig: Weygandsche Buchhandlung, 26 Bände (1776-88), 1784, 2. Bd. (18), Nov.-Heft, 11. Stück, S. 432-449 (Digitalversion: urn:nbn:de:0070-disa7583468)

Theophil Friedrich Ehrmann: Briefe eines reisenden Deutschen an seinen Bruder in H***. Ueber verschiedene Länder und Gegenden von Europa insonderheit auch über Deutschland, Frankfurt und Leizig: o. Verlag 1789

Johann Fischart: Das glückhafte Schiff von Zürich nebst dem Schmalspruch und Kehrab und einigen verwandten Gedichten. Erneuert und erläutert von Karl Pannier. Leipzig: Reclam jun.: o. J.

Friedrich II.: Oeuvres de Frédéric le Grand (Hrsg. Johann David Erdmann Preuß), 30 Bände, Berlin: Decker 1846-56

Friedrich II.: Werke Friedrichs des Großen in deutscher Übersetzung (Hrsg. Gustav Berthold Volz), 10 Bände, Berlin: Hobbing 1913f.

Linda Gil: L'édition de Kehl. Une aventure éditoriale et littéraire au tournant des Lumières, 2 Bände, Paris: Honoré Champion 2018

Johann Wolfgang Goethe: Sämtliche Werke nach Epochen seines Schaffens. Münchner Ausgabe (Hrsg. Karl Richter), 33 Bände, München/Wien: Hanser 1985 (genehmigte Taschenbuchausgabe: München: btb 2006)

Gottfried von Straßburg: Tristan. Mittelhochdeutsch/Neuhochdeutsch (Nach dem Text von Friedrich Ranke. Neu hrsg., ins Neuhochdeutsche übersetzt, mit einem Stellenkommentar und einem Nachwort von Rüdiger Krohn), Stuttgart: Reclam jun. 1980

Gottlieb Graef: »Das Friederiken-Grab in Meissenheim« in: Mein Heimatland, 12. Jg., Heft 2 (März 1925), S.1-65

Hans Jacob Christoffel von Grimmelshausen: Simplicissimus Teutsch (Hrsg. Dieter Breuer), Frankfurt a. Main: Deutscher Klassiker Verlag 2005 (3. Auflage: 2013)

Johann Peter Hebel: Erzählungen des rheinländischen Hausfreundes, München/Wien: Hanser Verlag 1985

Johan Peter Hebel: Gesamtausgabe (Hrsg. Wilhelm Zentner), Karlsruhe: C. F. Müller 1972

Georges Holderith: Poètes et prosateurs d'Alsace. Une anthologie, Strasbourg: DNA/ISTRA 1978

Bertram Jenisch (unter Mitarbeit von Valerie Schoenenberg, Karl Helmut Steckner u. Rolf Jogerst): Archäologischer Stadtkataster Kehl (Archäologischer Stadtkataster Baden Württemberg Bd. 25), Esslingen: Landesdenkmalamt Baden-Württemberg 2004

Heinrich Kramer (Institoris): Der Hexenhammer. Malleus Maleficarum. Neu aus dem Lateinischen übertragen von Wolfgang

Behringer, Günter Jerouschek und Werner Tschacher. Herausgegeben und eingeleitet von Günter Jerouschek und Wolfgang Behringer, München: Deutscher Taschenbuch Verlag 2000
August Lamey: Gedichte eines Franken am Rheinstrom, Straßburg: Amand König 1791
August Lamey: Gedichte, 2 Bände, Straßburg: G. Silbermann 1856
Martial: Epigramme. Lat./Dt., übers. Und hrsg. von Niklas Holzberg, Stuttgart: Reclam 2008
Ernst Wilhelm Martius: Erinnerungen aus meinem neunzigjährigen Leben, Leipzig: Voß 1847
Louis Moland (Hrsg.): Oeuvres complètes de Voltaire (50 Bände), Paris: Garnier 1877-83
Johann Michael Moscherosch: Visiones de Don Quevedo. Wunderliche und Wahrhafftige Gesichte Philanders von Sittewalt, Straßburg: Mülben 1642 / Hildesheim, New York: Georg Olms 1974 (Faksimilie-Nachdruck)
Hans-Otto Mühleisen (Hrsg.): Die Französische Revolution und der deutsche Südwesten, München, Zürich: Schnell & Steiner 1989
Sebastian Münster: Cosmographia, Das istt Beschreibung der gantzen Welt / Darinnen Aller Monarchien Keyserthumben / Königreichen / Fürstenthumben / Graff= und Herrschafften / Länderen / Stätten und Gemeinden; wie auch aller Geistlichen Stifften / Bisthumben / Abteyen / Klöstern / Ursprung / Regiment / Reichthumb / Gewalt und Macht / Verenderung / Auff= und Abnehmen / zu Fried= und Kriegszeiten / sampt aller ubrigen Beschaffenheit, Basel 1628 / Berlin: Frölich & Kaufmann 2021 (Faksimile-Nachdruck)
N.N.: Briefe eines Reisenden an den Herausgeber. In Heinrich Ch. Boie (Hrsg.): Deutsches Museum, Leipzig: Weygandsche Buchhandlung, 26 Bände (1776-88), 1781, 2. Bd. (12), Sept.-Heft, 7. Stück, S.261-266 (Digitalversion: urn:nbn:de:0070-disa7583468)
Henriette Louise d'Oberkirch: Mémoires de la Baronne d'Oberkirch sur la cour de Louis XVI et la société française avant 1789 (Hrsg.: Suzanne Burkard), Paris: Mercure de France 1970
Ulrich Ott: »O Freyheit! Silberton dem Ohre …« Französische Revolution und deutsche Literatur 1789-1799, Marbach/Neckar: Deutsche Schillergesellschaft 1989

Karl F. Otto: Die Sprachgesellschaften des 17. Jahrhunderts, Stuttgart: Metzler 1972
Jean Paul: Sämtliche Werke, 10 Bände, München 1959-85
Otto Rusch: Geschichte der Stadt Kehl und des Hanauer Landes von den ältesten Zeiten bis heute, Kehl: Morstadt 1928
Walter E. Schäfer: »Ach, so beseuffze doch mein armes Vatterland!« Johann Michael Moscherosch in Willstätt (Spuren 23), Marbach am Neckar: Deutsche Schillergesellschaft 1993
Walter E. Schäfer: Johann Michael Moscherosch. Staatsmann, Satiriker und Pädagoge im Barockzeitalter, München: Beck 1982 / Oberkirch: Grimmelshausen-Buchhandlung 2001
Walter E. Schäfer: Quirin Moscherosch. Ein Poet der Grafschaft Hanau-Lichtenberg, Kehl: Morstadt 2005
Walter E. Schäfer: Johann Peter Hebels Denkspruch an der deutsch-französischen Grenze. In: Die Ortenau 2013, S.43-48
Horst Dieter Schlosser (Hrsg.): Althochdeutsche Literatur. Mit Proben aus dem Altniederdeutschen. Ausgewählte Texte mit Übertragungen und Anmerkungen, Frankfurt a. Main: Fischer 1970 (Neuausgabe 1980)
Hugo Schneider (Hrsg.): Burgen und Schlösser in Mittelbaden, Kehl: Morstadt 1984
Dieter Schnermann: Johann Gottlieb Bärstecher alias Müller (geb. 1749). Aus dem ungewöhnlichen Leben eines gebürtigen Herrenbergers. In: Gerald Maier / Harald Müller-Baur: Leben mit Vergangenheit. Jahrbuch des Heimatgeschichtsvereins für Schönbuch und Gäu e. V., Bd. 5, 2006, S.77-100
Edward Schröder (Hrsg.): Zwei altdeutsche Rittermaeren, Berlin 1913 (2. Auflage: 1934)
Sidonius: Poems and Letters. With an English translation, introduction and notes by W. B. Aderson in two volumes, Cambridge Massachusetts: Harvard University Press 1963 (Erstdruck 1936)
Carl Helmut Steckner: Caulaincourt auf der Kehler Brücke. Karikatur und historische Aussage. In: Die Ortenau, 1989, S. 170-180
Stendhal: Rot und Weiß, München 1998
Johann Gottfried Seume: Spaziergang nach Syrakus im Jahre 1802, Berlin: Gustav Hempel o. Jahr

Tacitus: Agricola. Germania. Lateinisch/Deutsch, Düsseldorf: Albatros-Verlag 2009
Moritz August Thümmel: Sämtliche Werke, Leipzig: Göschen 1811
Vergil: Buccolica, Georgica, Aeneis (Deutsch von Rudolf Alexander Schröder), München: Winkler 1952
George S. M. Walker (Hrsg.): Sancti Columbani Opera, Dublin 1957
Karin Wortelkamp: Der Lebensweg des Johann Jacob Christoph von Grimmelshausen, Oberkirch: Grimmelshausen-Buchhandlung 1991

ANMERKUNGEN

1 Das Wort »Literatur« leitet sich vom Lateinischen »littera« (dt. Buchstabe) bzw. »litterae« (Text) ab, so dass »mündliche Literatur« eigentlich einen Widerspruch in sich darstellt.

2 Gallia est omnnis divisa in partes tres, quarum unam incolunt Belgae, aliam Aquitani, tertiam qui ipsorum lingua Celtae, nostra Galli appellantur. [...] proximique sunt Germanis, qui trans Rhenum incolunt, quibuscum continenter bellum gerunt (Caesar:2004, S.4f.).

3 Caesars Bezeichnung der Ufer als »diesseitig« (cis rhenum) für die linke und »jenseitig« (trans rhenum) für die rechte Seite prägt den Sprachgebrauch bis in die Neuzeit. Noch in »Dichtung und Wahrheit« spricht Goethe vom »diesrheinischen« bzw. »diesseitigen« und »überrheinischen« bzw. »jenseitigen« Ufer, obwohl er selbst aus Frankfurt/Main und damit von der rechten Seite stammt (Goethe:2006, Bd.16, S.484, 498).

4 Als Namensvarianten sind aus der Antike auch »Argentorate«, aus der Spätantike »Argentoratus« (Ammianus Marcellinus) und aus dem Mittelalter »Argentina« überliefert. Letzteres steht unter der die Stadt verkörpernden Statue an der Fassade des Straßburger Universitätsgebäudes (1879-84).

5 In seiner »Germania« nennt Tacitus das Verfahren, nicht-römische Gottheiten in den römischen Parnass zu integrieren, »Interpretatio Romana«. Auf »Vosegus« geht frz. »Vosges« und dt. »Wasgau« zurück. Im 15. Jh. wurde »Vosegus« durch einen Schreibfehler zu »Vogesus«, wovon sich dt. »Vogesen« ableitet.

6 Der erste literarische Beleg für einen Flussgott mit Stierhörnern findet sich in der »Geographía« des Strabon von Amaseia (63 v. bis 25 n. Chr.).

7 Ipse sedens niveo dandentis limine Phoebi / dona recognoscit populormum apatque superbis / postibus incedunt victae longo ordine gentes / quam variae linguis, habitu tam vestis et armis / hic Nomadum genus et distinctos Mulciber Afros / hic Lelegas Carasque sagittiferosque Gelonos / finxerat; Euphrates ibat iam mollior undis / extremique hominum Morini, Rhenusque bicornis / indomitique Dahae et pontem indignatus Araxes / Talia per clipeum Volcani, dona parentis / miratur rerumque ignarus imagine gaudet / attollens umero famamque et fata nepotum. (lib. 8, v.720-731, Original u. Übersetzung nach Vergil:1952, S.282f.)

8 Die Odrysen waren der größte Volksstamm Thrakiens (Ostbalkan).

9 Nympharum pater amniumque, Rhene / quicumque Odrysias bibunt pruinas / sic semper liquidis fruaris undis / nec te barbara contumeliosi / calcatum rota conterat bubulci / sic et cornibus aureis receptis / et Romanus eas utraque ripa /

Traianum populis suis et urbi / Thybris te dominus rogat, remittas (Epigrammaton libri, lib. X7: www.thelatinlibrary.com/Martial).

10 1903-18 erinnerte auf dem Straßburger Broglie-Platz Adolf v. Hildebrands »Vater-Rhein-Brunnen« an diesen Ursprung. Seit 1932 steht er in München.

11 Wie hartnäckig diese Vorstellung weiterlebte, zeigt das Bild »Die Germanen erblicken das Elsass« des elsässischen Zeichners Hansi (Jacques Waltz): In seinem Buch »L'Histoire d'Alsace. Racontée aux petits enfants« (1913) blicken wilde Germanen sehnsüchtig vom trostlosen rechten auf das kultivierte linke Rheinufer.

12 Hauptquelle dürfte Plinius der Ältere (23-79 n. Chr.) gewesen sein, der Germanien als Offizier kennenlernte. Da sein Werk verlorenging, ist Tacitus' Eigenleistung schwer zu bewerten.

13 Francus Germanum primum Belgamque secundum / Sternebat, Rhenumque, ferox Alamanne, bibebas / Romani ripis, et utroque superbus in agro / vel civis vel victor eras. (Carmina VII Panegyricus, v. 372-375. In Sidonius:1963, S.150).

14 Da nach mittelalterlicher Vorstellung auf das römische Reich die Apokalypse folgt, deuteten schon die Zeitgenossen von Karl dem Großen und Otto I. deren Kaiserkrönungen als Restauration bzw. Wiedergeburt des (west-)römischen Reiches.

15 Igitur anno quo supra regni sui Childeberthus rex morabatur cum coniuge et matre sua infra terminum urbis quam Strateburgum vocant [...]. Qui statim ad Argentoratinsim urbem, quam nunc Strateburgum vocant, deductus, exilio condemnatus est (Buch 9 Kap.36; Buch 10 Kap.19).

16 1965 wurde unter der Kirche von Auenheim ein merowingisches Kindergrab entdeckt. Fundamente im Westteil der Kirche wurden als Rest eines fränkischen oder römischen Wachturms gedeutet (Schneider:1984, S.274).

17 Vgl. Walker: 1957, S.190-192: En silvis caesa fluctu meat acta carina / bicornis Hreni et pelagus perlabitur uncta! / Heia viri! Nostrum reboans echo sonet heia! // Extollunt venti flatus, nocet horribus imber, / se vis aopta virum suerat sternitque procellam. / Heia viri! Nostrum reboans echo sonet heia! // Nam cedunt nimbi studio, ceditque procella; / a passi graviora; dabit deus his quoque finem. / Heia viri! Nostrum reboans echo sonet heia! // Durate et vosmet rebus servate secundis, / o passi graviora; dabit deus his quoque finem. / Heia viri! Nostrum reboans echo sonet heia! // Sic inimicus agit invisus corda fatiganns / ac male temptando quatit intima corda furore. / Vestra, viri, Christum memorans mens personet heia! // State animo fixi histisque spernite strophas, / virtutum vosmet armis defendite rite! / Vestra, viri, Christum memorans mens personet heia! // Firma fides cuncta superat studiumque beatum, / Hostis et antiquus cedens sua spicula frangit. / Vestra, viri, Christum memorans mens personet heia! // Rex quoque virtutum, rerum fons, summa potestas, / certanti spondet, vincenti praemia donat. / Vestra, viri, Christum memorans mens personet heia!

18 Laut der im AAS aufbewahrten Urkunde musste es an das Kloster 300 Schafe, 30 Masthähne, 3 Mastschweine und 8 Pfund Straßburger Silbermünzen abführen.

19 Ermold gehörte zum Hofstaat von Ludwigs Sohn Pippin I. von Aquitanien, der für seinen Vater den Südwestteil des Reiches verwaltete. Evtl. war er Pippins Erzieher, später dessen Berater und vielleicht auch Kanzler. Als er Pippin zur

Revolte gegen seinen Vater ermutigte, wurde Ermold von Ludwig in die Verbannung geschickt.

20 805 sind erstmals die Namen Sundheim (fränk. sunt: von Wasser umflossen) und Jeringheim belegt. 884 taucht der Name von Bodersweier (Bothalaswileri) und 888 der von Auenheim (Ouuanheim) auf.

21 Vir humilis, bonitate micans, pietate coruscans / Artibus ingenuis insita corda gerens / Sed gens atra nimis, cui praeest modo praesul honore / Divitiis pollens, nescit amare deum / Barbara lingua sibi, scripturae nescia sacrae / Ni foret antestis ingeniosus ei / Hic populis noto scripturas frangere verbo / Certat, es assiduo vomere corda terit / Interpres quoniam simul atque antestis habetur / Sic monitando gregem ducit ad astra suum. (v.151-160, nach Dümmler:1884, II S. 84).

22 Im Vertrag von Verdun (843) wurde Ludwig das Reichsgebiet östlich des Rheins zugesprochen. Westfränkische Chronisten verliehen Ludwig daher den Beinamen »Rex Germaniae« (König von Germanien). Historiker des 18. Jhs. übersetzten dies mit »der Deutsche« (was der lat. Bezeichnung »rex teutonicus« entspräche) und stilisierten Ludwig zum Begründer eines »deutschen« Reiches, das es noch gar nicht gab.

23 Vgl. Schlosser:1970, S.290. Karls Schwur zählt zu den frühesten deutschen Texten, der Ludwigs gilt als erstes französisches Sprachdokument überhaupt. Die älteste Abschrift aus dem 10. oder 11. Jh. (heute in der BNP) wurde von einem Kopisten angefertigt, der den »deutschen« Text offenbar nicht (mehr) verstand, weshalb sich einige Fehler eingeschlichen haben.

24 Wernher I. von Habsburg wurde 1001 von Otto III. zum Bischof von Straßburg ernannt. 1007 schlug der Blitz in das Münster ein, 1015 wurde mit dem Neubau begonnen. Teile davon blieben bis heute erhalten: die ottonische Krypta, das romanische Salomon-Fenster (nördliches Querschiff) und die beiden romanischen Kaiserfenster (nördliches Seitenschiff). Die drei anderen Kaiserfenster sind gotisch.

25 Die Ottonen entstammten dem sächsischen Adelsgeschlecht der Liudolfinger, das seit 919 die Könige des Ostfrankenreichs stellte (im Westfrankenreich herrschten noch bis 987 die Karolinger). Sie verstanden sich weiter als fränkische Könige (rex Francorum). Die Bezeichnung »Sacrum Imperium Romanum« ist erst seit 1184 belegt, der Zusatz »Nationes Germanicae« (von deutscher Nation) erst seit dem 15. Jh. Damit löste sich das Ostreich auch begrifflich vom Westreich, während dort der Name »Frank(en)reich« überlebt hat.

26 Die These stellte der belgische Historiker Henri Grégoire (1881-1964) am 6.1.1936 im Straßburger »Palais Universitaire« vor.

27 Der Begriff geht auf das lat. Wort »classis« zurück, das »Flotte« oder »Steuerklasse« bedeutet. Ein »classicus« war daher ein Marinesoldat bzw. Angehöriger der höchsten Steuerklasse. Im 2. Jh. sprach Aulus Gellius erstmals von einem »scriptor classicus« (vorbildlicher Schriftsteller). Später wurde es üblich, den verschiedenen Nationalliteraturen je eine »klassische« Periode zuzuordnen, in der deutschen Literatur gibt es sogar zwei: die Weimarer Klassik um 1800 und die staufische Klassik um 1200. Letztere dauerte länger und umfasste ein größeres Gebiet als die Weimarer Klassik, die auf ein Jahrzehnt, zwei Städte (Weimar und Jena) und zwei Dichter beschränkt war (Goethe und Schiller).

28 Kehl war ein »Codominium«, das drei Straßburger Patrizierfamilien verwalteten: die Boecklin im Süden, die Lenzelin im Norden (beiden gehörte je 1/4) und die Grohstein in der Mitte. Ihnen gehörte auch die Kehler Zollburg (1224 erwähnt, 1496 zerstört), deren erhaltener Keller das mit Abstand älteste Gebäudefragment der Kehler Kernstadt ist. Er liegt unter einem 2022 errichteten Neubau (Bierkellerstraße 24) und ist (da ab 1860 hier Bier gelagert wurde) als »Bierkeller« bekannt. Seit 2024 informieren vier Tafeln über dessen Geschichte.

29 Sudermann stammt aus Lüttich (Liège) und war seit 1585 am Straßburger Bruderhof tätig, wo er sechs Jahre später starb.

30 Neben den drei genannten Wappen sind noch die der Straßburger Familie Boecklin und des Königreichs Frankreich zu sehen. Im Kehler Hotel »Hofreit« schmückt eine Kopie des Stichs »Die Kehler Rheinbrücke« (1630) von Václav/Wenzel Hollar aus Prag den Eingangsbereich (gestaltet von Gustav Liebherr).

31 Mentelins Fassung gilt als erste in einer Volkssprache gedruckte Bibel, Grüningers Fassung war bereits die zehnte Bibelübersetzung in deutscher Sprache. Wegen ihres handlichen Formats diente sie lange als Vorbild für Familien- und Hausbibeln. 1501 eröffnete Johann Knobloch (7 Rue de l'Ail) und 1504 Johann Prüss der Ältere eine Druckerei (Place du château / Rue de la râpe). Einen Überblick vermittelt die zweisprachige App »Via Impressio«, die zu einem Rundgang durch das einstige Druckerviertel einlädt.

32 Belegt sind Verleumdungsklagen gegen Mitbrüder, eine Inhaftierung wegen Angriffen gegen den Kaiser, ein weiterer Haftbefehl wegen Unterschlagung von Ablassgeldern sowie diverse Verweise und Strafen.

33 Lange galt der Straßburger Verleger Johann Prüss als Herausgeber, heute geht man von Peter Drach in Speyer aus (Kramer:2000, S.803). Die erste deutsche Übersetzung erschien erst 1906.

34 Während in Frankreich über eine Ausdehnung der Grenzen an den Rhein nachgedacht wurde, wurde das deutsche Reichsgebiet neu strukturiert (1500: sechs, 1512: zehn Reichskreise). Die linksrheinischen Gebiete (inkl. Savoyen, Pfalz u. Elsass) wurden dem oberrheinischen Reichskreis zugeschlagen (Worms), die rechtsrheinischen bis zum Lech dem schwäbischen (Ulm). Damit war der Rhein wieder Militär- und Verwaltungsgrenze. Die elsässische Bezeichnung »Schwowe« für Bewohner der rechten Seite geht darauf zurück.

35 Gebiete westlich von Straßburg und östlich von Kehl unterstanden weiterhin dem Fürstbischof von Straßburg und blieben katholisch. Das gleiche galt bis 1547 für die nördlich angrenzende Grafschaft Hanau-Lichtenberg.

36 Den Durchbruch für die Reformation in Straßburg brachten ab 1523 die Reformatoren Martin Bucer aus Schlettstadt (an der Aureliakirche) und Wolfgang Köpfel alias »Capito« aus Hagenau (an der Thomaskirche). Ihnen standen zwei starke Frauen zur Seite: Elisabeth Silbereisen und Wibrandis Rosenblatt, die zuvor mit dem Basler Reformator Oekolampad verheiratet war, dann mit Capito und nach dessen Tod mit Bucer. Auf ihre Männer scheint sie mäßigend gewirkt zu haben: Während ihrer Ehe mit Capito zeigte sich dieser den Täufern gegenüber tolerant und gewährte Melchior Hoffmann bis 1529 persönlich Asyl. Später folgte sie Bucer nach Großbritannien, wo auch dieser eine gemäßigte Linie verfolgte.

37 Sie versammelte sich zunächst in der Nikolauskirche, ab 1541 in der ehemaligen Dominikanerkirche. 1781 zog dort die evangelische Münstergemeinde ein, die Calvinisten wechselten in die heutige »Rue des boucliers«.

38 Der Name dürfte keltischen Ursprungs sein (*Mori-Durum: Sumpf-Festung), erstmals belegt als »Mordunouva« (769). In hochmittelalterlichen Quellen findet sich die Namensform »Mortenowe«. Das Eingangs-M fiel erst später weg und wurde nicht nachträglich hinzugefügt.

39 1566 war die Lange Bruck zwischen Kehl und Straßburg zerstört und bald danach mit 66 Jochen neu errichtet worden. Die Verbindung beider Ufer findet sich also nicht nur in der Literatur, sondern hat auch ihre Entsprechung in der damaligen Wirklichkeit.

40 Lt. Brigitta Gerloff (25.1.2021). Zur Rettung der übrigen Bände schreibt Pfarrer Fessler: »In der Hast des Aufbruchs konnte ich die Kirchenbücher nicht bergen. Nach dem schweren Luftangriff vom 25.9.44 habe ich die Bücher aus der Zeit vor 1870, die bis dahin in der Dresdener Bank untergebracht waren, nach Ottenhöfen geschickt. Für die neuen Bücher erklärte der Kreisleiter keine Transportmöglichkeit zu haben. Erst am 11. Januar 1945 gelang es mir mit einem Lastwagen der Stadtverwaltung Kehl die Bücher zu mir nach Gutach zu holen.« (lt. Mail des LKA vom 27.1.2021)

41 Vgl. auch die Folgebände: Bd. 2 (1622-37), Bd. 3 (1624-37: separates Totenbuch), Bd. 4 (1638-60), Bd. 5 (1660-1723), Bd. 6 (1723-63: Ehebuch bis 1770), Bd. 7 (1764-1810: separates Tauf-, Ehe- u. Totenbuch) sowie die Kirchbuchabschriften des Kirchspiels Kork (ab 1636), Legelshurst (ab 1622) und Bodersweier (ab 1623).

42 AAS Sign. F IV c 33. Eine Kopie des Plans hängt in der Kehler Stadthalle. Ruschs falsche Datierung auf das 15. Jh. übernahm das archäologische Stadtkataster ungeprüft (Rusch:1928, S.61-64; Jenisch:2004, S.23).

43 Der Begriff wurde im 16. Jh. von portugiesischen Juwelieren geprägt und bezeichnete eine unebene Perle. Um 1700 wanderte er als Adjektiv ins Französische ein, wo er für alles Bizarre steht. Bald darauf tauchte er in anderen Sprachen auf, wobei Bedeutung und Gebrauch variieren. In Frankreich gilt die Literatur bis 1650 als »baroque«, in Deutschland bis 1720.

44 Eine Abstammung aus dänischem (wie von ihm selbst behauptet) oder spanischem Adel (wie von seinen Nachkommen tradiert) gehört ins Reich der Legenden (Schäfer:2001, S.11, 203).

45 Rusch spricht von 30.000 Flüchtlingen in Straßburg und 3.000 in Kehl (ders.:1928, S.72).

46 An dt. Autoren werden u. a. M. Luther, L. Osiander, J. M. Meyfart, B. Ringwaldt, G. Rüxner und R. Weckherlin zitiert. Dazu kommen Zitate des Franzosen M. de Montaigne, des Flamen J. Carnarius, des Briten J. Owen und des Römers Martial.

47 Die linksrheinischen Gebiete unterstanden Graf Friedrich Casimir, das kleinere Gebiet auf der rechten Rheinseite Graf Johann Reinhard II. (nach dessen Tod 1666 seiner Witwe Anna Magdalena). Casimir galt als verschwenderisch, Reinhard als Wohltäter seines Landes. Seine Residenz in Rheinbischofsheim war bescheiden, dafür ließ er Lichtenau und Willstätt zu Amtssitzen ausbauen (wie vor dem Krieg) und von Kolonisten aus Bayern, dem Allgäu und der Schweiz neu besiedeln.

48 Seit 1977 ziert eine weitere Grimmelshausen-Statue den Marktplatz, 1998 öffnete das Renchener Grimmelshausen-Museum mit einer Ausstellung zur Druck- und Wirkungsgeschichte seines Werks. Über sein Leben und Schreiben informiert das Grimmelshausen-Museum in Oberkirch.
49 Mit Friedensschluss fielen die Besitzrechte Habsburgs und des Reichs an Frankreich, die Rechte der Kirche, der Städte und der Fürsten wurden nicht angetastet.
50 Der Begriff »Postille« (post illa verba textus: nach jenen Worten des Texts) bezeichnet Kommentare zur Bibel. Durch Luthers »Hauspostille« (1531-35) fand das Genre Eingang in die evangelische Literatur
51 Pfaff war aufgeklärter Theologieprofessor in Tübingen, zeitweise Kanzler der dortigen Universität und evtl. Lehrer Flattichs. In seiner Vorrede betont er, das Werk sei die erste Postille speziell für Soldaten.
52 Manchmal liest man Polnischer Erbfolgekrieg, doch Polen war keine Erb-, sondern eine Wahlmonarchie.
53 Gleich nach seiner Thronbesteigung verbündete sich Friedrich mit Frankreich (5.6.1740). In Straßburg dürfte er seine Bündnispartner über den geplanten Angriff auf Schlesien informiert haben.
54 Übers. Friedrich:1913f., Bd.10, S.66-70 (hier: S.67), Original in Friedrich:1846-56, Bd.14, S.181-188.
55 1870 wurde die »Ile Jars« zerstört. Am Ort von Voltaires Wohnhaus (27 Av. Schutzenberger) entstand die 1978 wieder abgerissene »Ferme Voltaire«. Das Schloss wurde als »Villa Voltaire« wieder aufgebaut (19-21 Rue Rousseau). Seit 1985 befindet sie sich im Besitz der Bundesrepublik Deutschland.
56 Moland:1877-83, Bd.38, S.112-130 (Briefe Nr. 2636-2652).
57 Evtl. empfing ihn Contades im Schloss auf der »Ile Jars«, das er kurz zuvor erworben hatte. In Gayots Dienstsitz an der heutigen »Place Broglie« (1754/55) residiert seit 1804 der Militärgouverneur. Nach ersterem ist der Straßburger »parc des Contades« benannt, nach letzterem der »Marché Gayot«.
58 Marie Antoinettes Brautzug umfasste 57 Wagen, 235 Menschen, 350 Pferde und benötigte für die Strecke (ca. 1.500 km) 24 Tage. Zwischen Emmendingen und Kehl verlief die Route über badisches Gebiet, wo auf Anweisung ihrer Mutter Maria Theresia die »Dauphine-Straße« gebaut wurde.
59 Goethe:2006, Bd.16, S. 506. Goethes lateinische Doktorarbeit (pro gradu doctorali) wurde vom Dekan nur als Lizentiatenarbeit (pro licentia) anerkannt. Die Gründe sind unbekannt, der Text ging (absichtlich?) verloren.
60 Goethe:2006, Bd.16, S. 522. Der Name »Sturm und Drang« geht auf ein Stück von F. M. Klinger zurück (1776).
61 Der Punkt war dem alten Goethe so wichtig, dass er noch einmal darauf zurückkommt: Er habe »Küchenfranzösisch« des Frankfurter Dienstpersonals, »Auslandsfranzösisch« der Hugenotten-Gemeinde von Bockenheim und altertümliches »Renaissance-Französisch« aus seiner damaligen Lektüre vermischt. Als ihm seine Schwächen bewusst wurden, habe er sich ganz vom Französischen abgewandt.
62 Einige Strophen des Gedichts »Erwache Friederike« werden Goethes Freund Lenz zugeschrieben, das »Heidenröslein« ist (mit anderem Schluss) unter Goethes und Herders Namen überliefert.

63 1761 inszenierte Wieland in Biberach erstmals auf deutschem Boden ein Shakespeare-Stück: »The Tempest« (Der Sturm). Die Übersetzung hatte er selbst angefertigt, in den folgenden fünf Jahren folgten 22 weitere Übertragungen aus seiner Feder.

64 Die Stadt Kehl zählte in den 1780er Jahren ca. 2.300 Einwohner, das Dorf ca. 1.800, Karlsruhe ca. 4.500 und Straßburg ca. 45.000! Im Unterschied zur Stadt war das Dorf Kehl noch ein Codominium, das zu 50% der Straßburger Münsterbauhütte und zu je 25% den Häusern Nassau bzw. Baden gehörte. Das Kehler Umland war teils hessisch (Hanauerland), teils österreichisch (Ortenau), teils Straßburgisch (Fürstbistum).

65 Eine dem »Florentiner« (fl) nachgebildete Goldmünze (mhd. guldin).

66 Laut Kirchenbuch der Kehler Christuskirche wurde hier auch seine am 6.9.1773 geborene Tochter Elisabetha Friederica getauft (Bd. 1764-1810, Jg.1772, S.87, Nr.7 / Jg.1773, S.106, Nr.45). Lamey schreibt dazu in einer Fußnote seiner Werkausgabe letzter Hand: »Der Verfasser ist zu Kehl in dem damals sogenannten Hornwerk, dem Ueberbleibsel einer geschleiften Festung geboren.« (Lamey:1856, Bd.1, S.56).

67 Amtmann Strobel bot ihm die Kaiserliche Kaserne, das Gouvernements- und das Torgebäude an (GLA 207 Nr. 88). Wo sich Macklot am Ende niederließ, ist unklar.

68 Wieland wurde in Kehl nicht nur angegriffen, sondern auch verlegt und übersetzt. 1781/82 gründeten Beaumarchais und Bärstecher in Kehl je eine Verlagsdruckerei. Bereits 1764 hatte Bärstecher eine frz. Übersetzung von Wielands Roman »Der Sieg der Natur über die Schwärmerei« publiziert, 1784 druckte Beaumarchais in Kehl eine frz. Übersetzung von Wielands Versdichtung »Musarion«.

69 Das »livre tournois« (lt) war eine französische Silberwährung. Vor der Revolution kostete ein Mittagsmenü oder ein Platz in der »Comédie Française« 1 lt. Ein Tagelöhner verdiente 1 lt/Tag, ein Drucker 2 lt.

70 Der Transfer des Materials von Panckouckes »Hôtel de Thou« (Rue des Poitevins) in Beaumarchais' »Hôtel de Hollande« (Rue vieille du Temple) dauerte bis 1783 (Gil:2018, S.187, 480f.).

71 Seine dunkle Opak-Tinte, sein neuartiges Velinpapier (»englisches Papier«), seine Kalander (Maschine zur Papierglättung) und seine verbesserten Druckerpressen hatten neue Standards gesetzt. Seine Antiqua-Lettern prägten einen eigenen Stil, dessen schlichte Eleganz v. a. in Frankreich geschätzt wurde (Diehl:1925, S.40).

72 Dank eines Privatkredits von Beaumarchais war Le Tellier seit 1776 Inhaber der Hzgl. Druckerei von Zweibrücken, wo er zwei französische Zeitungen herausbrachte: die politische »Gazette des Deux Ponts« und die literarische »Gazette universelle et littéraire«. Damit verfügte er über Erfahrungen im Druckereiwesen und im Umgang mit deutschen Fürsten. Beaumarchais ließ ihm vor Ort weitgehend freie Hand, er selbst sah seine Kehler Werkstätten vermutlich nur dreimal (1784, '85, '86).

73 Le Telliers Briefwechsel mit Beaumarchais wird in der BVP, der mit der badischen Regierung im GLA aufbewahrt. Vgl. GLA 207 Nr. 100 (1779-1785), 248 Bl.; GLA 207 Nr. 104 (1785-1791), 155 Bl.

74 Für jährlich 400 Gulden durfte die SLT 20 Jahre in Kehl eine Buchdruckerei und Schriftgießerei betreiben und alle dafür nötigen Veränderungen vornehmen. Der Warenverkehr über den Rhein war von Zöllen und die Mitarbeiter von Steuern befreit. Vom Druck ausgeschlossen waren lebende Autoren, deutsche Texte (um heimischen Druckern keine Konkurrenz zu machen) sowie solche beleidigenden oder blasphemischen Inhalts. Drucke mit Ortsangabe unterlagen der »ordinären« Zensur (durch Amtmann Strobel bzw. Ortspfarrer Herbster), solche ohne Ortsangabe einer »geheimen« (durch die Geheimen Räte Simon Volz bzw. Frédéric de Montperny). Vgl. Bericht des Geheimen Rates vom 4.12.1780; Kammer-Protokoll vom 11.12.1780; Dekret zur Erteilung des Privilegs vom 18.12.1780 (GLA 207/100, Bl.101-107 bzw. 207/104, Bl.41-42).

75 Das Protokoll vom 11. und das Privileg vom 18.12.1780 sowie der Aufhebungsvertrag vom 10.9.1791 nennen die von der SLT genutzten Gebäude (GLA 207/100, Bl. 234-236; Rusch:1926, S.128; Gil:2018, S.183f.). Im Hohlen Tor befanden sich Büros, in der Offiziers- und Füsilier-Kaserne die Sortieranstalt, ein Magazin sowie Wohnräume für Mitarbeiter, im Hauptgebäude die Direktoren-Wohnung, Verwaltungsräume und Teile der Druckerei. Für die Schreinerei und die Schriftgießerei wurden ein Pavillon und zwei Flügelbauten errichtet. In den Pulvertürmen lagerten Lettern und Druckerschwärze. Im 3. Stock der Kaiserlichen Kaserne wohnte Beaumarchais' Schwager Jean-Baptiste Janot de Miron (1737-84). Er war Hauptkorrektor bzw. Subdirektor der SLT und starb in Kehl.

76 Zur Zahl von 36 Pressen vgl. Frentzel:1784, S.432-449. In Straßburg verfügte 1783 Le Roux über 2 Pressen und 3 Gehilfen, Levrault und Heitz über je 4 Pressen und 6 Gehilfen, Dannbach über 5 Pressen und 8 Gehilfen (Dittler:1972, S.191, 205; Gil:2018, S.418).

77 Baskervilles Technik wurde in Frankreich von Etienne Montgolfier (1777) und François-Ambroise Didot (1780) weiterentwickelt. Da die Papiermühlen der SLT in Lothringen standen, gilt nicht Kehl, sondern die Kefersteinsche Papierfabrik in Kröllwitz bei Halle als erste Velin-Fabrik Deutschlands.

78 GLA 207/100, Bl.234-236. Das Dokument nennt 23 Deutsche (aus Dresden, Freiburg, Kehl, Magdeburg, Saarbrücken, Stuttgart, Wiesbaden, Würzburg, Zweibrücken) und 63 Franzosen (mehrfach vertreten sind Paris, Lyon, Besançon, Belfort, Grenoble, Bruyère, Anger, Epinal, Metz, Nancy, Straßburg).

79 Lettre d'un Alsacien à son ami souscripteur des oeuvres complettes de Mr. Voltaire avec les caractères de Baskerville (Übersetzung in Diehl:1925, S.68-78).

80 Obwohl Bouillon als Druckort genannt wird, dürfte die Schmähschrift bei Chanson in Kehl erschienen sein. Erstens besprach er sie in seiner Zeitschrift »L'Observateur«, zweitens druckte er noch eine weitere (verlorene), die evtl. von Le Tellier verfasst wurde und Rochebrunes Rolle als Zensor kritisiert. Da beide ein vom Markgrafen unterstütztes Projekt angriffen, musste Chanson mit juristischen Konsequenzen rechnen und floh daher im September 1782 ins Ausland.

81 Am 27.9.1785 stellte der badische Hof de la Hogue ein neues Privileg aus, am 30.12.1786 wurde der Pachtvertrag umgeschrieben. Le Tellier beschwerte sich deshalb im Januar 1785 beim Markgrafen und reichte in Karlsruhe wie Paris Klagen ein. Im August 1785 beschädigte er beim Versuch, von der SLT »Besitz zu ergreifen« Gebäude und Maschinen. 1784 nannte ihn Ruault »ce chien de directeur« (Gil:2018, S.335, 347f.).

82 Bis 1773 arbeitete Strobel als Hofmeister in Straßburg. Danach bezog er als Amtmann eine Dienstwohnung im Gouvernements-Gebäude der Kehler Festung (GLA 109 Nr. 9) und heiratete 1775 eine Kehlerin.

83 NAF 6149, 6150.

84 Laut Beaumarchais war der Generalpostdirektor zuvor bestochen worden (Gil:2018, S.507-509). Die Protokolle der Grenzbeamten und des Straßburger Zensors verbrannten 1870 (Dittler:1973, S.185f.; Gil:2018, S.508).

85 Bis ins 19. Jh. diente der Folio-Bogen als Basis von Formatangaben, wobei dessen Größe variierte. Vier Blätter pro Bogen ergaben das Quart-, acht das Oktav- und zwölf das Duodez-Format.

86 Dramatik (27 Tragödien, 1 Tragödienfragment, 9 Komödien, 1 Drama, 7 Opern u. 2 Dramen-Übersetzungen), Epik und über 600 Gedichte.

87 Sie enthalten historische (13), politisch-naturwissenschaftliche (3), philosophische (12) und literarische (8) Texte. Die »Lettres philosophiques« fehlen, das »Dictionnaire philosophique« wurde mit Artikeln zu d'Alemberts »Encyclopédie«, zum »Dictionnaire de l'Académie«, den »Questions pour l'Encyclopédie«, dem nur handschriftlich überlieferten Lexikon »L'opinion par alphabet« sowie Texten aus dem Nachlass vermischt.

88 12 dieser Bände enthalten vermischte Briefe von Voltaire, 6 weitere die Briefwechsel mit Friedrich II., Katharina II. und d'Alembert (Briefe von und an Voltaire).

89 Ruault spricht von einem »Tempel, zum Ruhm unseres Autors errichtet« (17.7.1782 an Decroix), Beaumarchais von einem »herrlichen Denkmal« (12.11.1797 an Jussupow). Vgl. Gil:2018, S.790, 1171.

90 Z. B. Markgraf Karl Friedrich von Baden (1782), Prinz Heinrich von Preußen (1784), Herzog Carl-Eugen von Württemberg (1785), Erzherzog Karl von Österreich nebst Gattin (1786).

91 Schon als Schauspieler nannte er sich Müller, der Beiname »d. Ältere« ist ungeklärt. Bärstechers Haus stand neben dem Gasthof »Zur Stadt Carlsruhe« an der Ecke Carlstraße/ Neue Straße (heute Kehler Hauptstraße). Vgl. Bärstechers Bauantrag vom 27.10.1788 und sein Vertrag mit dem Straßburger Verleger Treuttel vom 14.11.1788 (GLA 207 Nr. 334; Dittler:1972, S.219).

92 Z. B. »Wissenschaftliches Magazin für Aufklärung«, Magazin für Frauenzimmer«, »Jugendzeitung«, »Oberrheinische Unterhaltungen für Kinder«. Die Titel verdeutlichen den Anspruch, Menschen unabhängig von Alter und Geschlecht zu erreichen und zu bilden.

93 Seit dem 17. Jh. waren in der Schweiz, dem Elsass und dem südwestdeutschen Raum Almanache unter dem Namen »Hinkender Bote« verbreitet. Der Titel spielt auf Invalide an, die diese austrugen.

94 Das klassische Latein kennt das Wort »Revolutio« (dt. Umdrehung) nicht, erst im 15. Jh. ist es als Bezeichnung für Planetenbahnen belegt. 1688 wird der Begriff auf die englische »Glorious Revolution« und damit erstmals auf ein politisches Ereignis angewandt. Mit der Französischen Revolution setzte sich diese Bedeutung durch.

95 Vgl. Briefe Bärstechers vom 28.1.1790 und Beaumarchais' vom 8.5.1790 (Gil:2018, S.1240f.).

96 Der Markgraf zahlte eine Ablöse von 13.200 Gulden (GLA 37 Nr. 2478), die SLT wurde 1795 aufgelöst.

97 1789 gab es in Straßburg 27 Buchdrucker und 9 Buchhändler (Mühleisen:1989, S.169, 181).

98 Das Mitgliedsverzeichnis des Clubs der Constitutionsfreunde nennt 28 eingetragene und 18 nachgetragene Ausländer (Ott:1989, S.97), es dürften aber mehr gewesen sein. Oft werden sie als »deutsche Jakobiner« bezeichnet, obwohl viele von Jakobinern verfolgt und ermordet wurden (Mühleisen:1989, S.190).

99 Auch Brendel kam als deutscher Emigrant nach Straßburg. Nach der Flucht von Kardinal de Rohan nach Ettenheim übernahm er 1791-93 dessen Bischofsamt. Den Eid auf die Verfassung leistete er mit der Begründung, diese sei zwar anti-kanonisch, aber nicht anti-katholisch.

100 Sein Onkel war Andreas Lamey, ein angesehener Historiker, Bibliothekar der kurpfälzischen Bibliothek, Sekretär der Akademie von Mannheim und Freund des Colmarer Dichters und Aufklärers Pfeffel. Auf Wunsch des badischen Markgrafen inventarisierte er 1786 den Briefwechsel von Voltaire und Friedrich II. und wirkte damit an der Kehler Voltaire-Ausgabe mit (Gil:2018, S.1147).

101 Das Straßburger Einwohnerverzeichnis (recensement) von 1789 (aufbewahrt im AMS) nennt den Tabakfabrikanten (fabricant de tabac) »Lamay« nebst Adresse, Besitzstand und Genossenschaftszugehörigkeit.

102 Treuttel verlor seine Ämter und wurde des Landes verwiesen. Laveaux ging im Frühjahr 1793 nach Paris, wo er das Sprachrohr des Jakobinerclubs »Journal de Montagne« herausgab. Therese Forster floh mit ihrem Liebhaber und späterem Ehemann Ludwig F. Huber über die Schweiz nach Württemberg und wurde eine der ersten Berufsschriftstellerinnen Deutschlands. Ihr erster Ehemann Georg Forster starb während der Jakobinerherrschaft in Paris an einer Lungenentzündung.

103 Gottlieb Graef: »Das Friederiken-Grab in Meissenheim« in: Mein Heimatland, 12. Jg., Heft 2 (März 1925), S.1-65, hier: S.2f. (zitiert aus: Badische Heimat – Digitale Reprints, Heidelberg 2009).

104 1884 wurde eine Umfriedung aus Eisen hinzugefügt, 1894 wurden auch die Gräber von Gottfried Marx und seiner Frau Maria-Salomé instandgesetzt. Die neue Grabplatte nennt neben ihrem Geburts- und Ehenamen einen dritten, den Goethe ihr in »Dichtung und Wahrheit« gab: Olivia.

105 1820 wurden die Gasthäuser zum Lamm und zum Engel zum »Gasthof zur Post« vereinigt, 1991 wurde der Komplex abgerissen. Heute stehen hier die Neubauten eines Supermarkts und einer Krankenkasse, nur der Name »Lammstraße« ist geblieben (Steckner:1989).

106 Friedrich Christian Schild war Fechts Amtsvorgänger in Kork (1787-96). Nach seiner Pensionierung kehrte er dorthin zurück. 1956 wurde am Ort der Hebel-Insel im Gewann Lindenfeld eine Hebellinde gepflanzt.